KB075162

분노조장
시대유감

분노로 세상을 바꿀 수 없다

김기홍 지음

분노 조장
시대유감

EDEN HOUSE

들어가며

가장 낮은 단계의 정치란 무엇인가? 바로 '분노'를 통해 국민을 갈라치는 것이다. 정치 하수下手들이 쓴다는 이 방법이 현대사와 궤를 같이한다. 대한민국 정치 현 주소는 그만큼 무미건조하고 팍팍하다. 퇴행적이다. 암울하다.

세상을 변화시키겠다는 이른바 '진보進步'를 자처하는 분들이 때가 되면 국민을 '친일親日'과 '반일反日'로 갈라놓고, 갈라치고 '죽창가'를 부른다. 매번 답습, 반복된 '현재 완료 진행형'인 행태다. 균형점을 찾으려는 사람들은 그들 앞에서 '매국노'가 됐다. 그들의 프레임 속에서 일본에 손가락질하고, 성내고 욕을 하면 누구나 '애국자'가 됐다. 진실로 다가가는 길은 험난하기 마련이다. 그만큼 세상은 복잡하고 다양한 이해관계로 실타래처럼 엉

분노조장 시대유감

켜 있다.

　안타깝게도 그들에게 이런 현실은 중요하지 않았다. 극명한 이분법 속에서 다양한 삶의 형태나 개개인의 삶의 무게, 의견은 그들에겐 애초부터 관심 밖이었다. 사람들의 절규는 깃털처럼 가볍게 여겨졌다. 무엇보다 신기한 건 그들의 삶이다. 그들의 주장과 방식은 누구보다 '친일'에 가까웠다. 그럼에도 반성은커녕 얼굴색 하나 변하지 않은 채 '반일'을 부르짖었다. 젊었을 때 외쳤던 거친 주장을 2020년대에도 '고장 난 레코드판 돌리듯' 계속 돌렸다. 판이 튀든 말든 일관된 거짓과 위선에도 승승장구했다. 무섭도록 침착한 질서 있는 일관성이다.

　2023년 8월 여름도 처음엔 그랬다. 후쿠시마 오염수 방류를 둘러싼 찬반 논쟁에서 '과학적 수치와 팩트'는 실종됐다. '괴담'에 '반일'이 더해진 힘은 대단했다. 민주당은 촛불집회를 시작으로 거리로 나섰다. 어린 아이들까지 동원됐다. 흔들리는 감정 속에서 분노의 거탑을 쌓아올렸다. '정권 심판' '윤석열 탄핵' 등 구호를 스스럼없이 외쳤다.

　그런데 이상했다. 물론 그들 입장에서다. 이번에는 상황이 달랐다. 여의도 국회에서 힘깨나 쓰던 '반일' '괴담'의 목소리가 담장 밖 거리에선 메아리를 만들지 못했다. 아무리 째지는 목소리에 대형 확성기를 동원해도 사람들은 쉽게 공감하지 않았다. 대다수는 그 목소리가 '이재명 방탄용'이라는 걸 알고 있었다. 그들의 귀에는 '반일'의 목소리가 맴돌았겠지만 국민들은 침착했다. 거리를 뒀다. 평상시와 다름없이 수산물을 즐겼다. 이성과 상식, 일상의 힘에 괴담은 곧 움츠렸다. 오염수 괴담은 한여름 더위가 서늘한 가을바람에 자리를 내주듯 단숨에 힘을 잃었다. 민주당도 어느 순간부터 후쿠시마 오염수 얘기를 더 이상 꺼내지 않았다. 빛보다 빠른 태세 전환이다. 야당의 운동장이라는 불리는 '국정감사'에서도 소극적이었다.

그렇다고 '반성'을 한 건 아니다. 역시 민주당답다. 사드 괴담, 광우병 괴담 때도 마찬가지였다. 당시의 광풍이 잦아들고 과학적 팩트에 의해 진실이 밝혀졌지만 그들은 한 번도 '미안하다''죄송하다'는 말을 입 밖에 꺼낸 적이 없다. 그들은 여전히 당당하다. 뻔뻔하다. 인정하면, 물러서면 죽기 때문일까? 이젠 무섭기까지 하다.

'반일'의 존재감이 이렇게 작아진 이유는 뭘까? 문재인 정부 내내 그렇게 커버린 '반일 감정'의 크기가 지금은 왜 이렇게 움츠러들고 쉽사리 힘을 잃어버렸나?

간단하다. 바로 윤석열이라는 사람 때문이다.

2022년 9월, 윤석열 대통령이 미국 뉴욕 순방 당시 기시다 후미오 일본 총리를 찾아갔다. 일부 언론과 야당은 이를 '굴욕외교'로 규정했다. 강제징용 문제를 풀기 위한 해법으로 정부가 제시

한 '제3자 변제' 방식을 두고도 야당은 '굴욕 외교' 노래를 불렀다. 시민단체와 야당은 정부를 거칠게 몰아붙였다. 하지만 윤석열 정부는 과거에 머물며 '반일' 감정을 앞세우며 지지율을 관리하던 과거 정부와는 달랐다. 확실하게 선을 그었다. 지지율 때문에 해야 할 일을 하지 않아 역사 앞에서 죄를 짓는 일을 더는 반복하지 않았다.

윤석열 정부는 일본과의 관계에서 '미래'를 선택했다. 물론 '지지율 부침'은 있었다. 그렇지만 '현상유지'라는 '관성'을 극복하고 한일 관계 복원이라는 방향성을 제시했다. 그리고 '뚝심' 있게 하나하나 행동에 옮겼다. 기시다 총리도 지난 5월 히로시마에서 윤석열 대통령과 함께 한국인 원폭희생자 위령비 참배로 화답했다. 미국 등 국제사회도 호응했다. 4개월 뒤 미국 대통령 별장인 캠프 데이비드에서 역사적인 '한미일 정상회의'가 열렸다. 앞서 윤 대통령은 미국 상하원 합동의회 연설을 통해 미 정가로부터 뜨거운 지지를 얻어냈다. 그 어느 때보다 한미동맹은 강한 유대감에 근거한 결속을 이뤄냈다. 당연히 대통령으로서 해야 할 일을 한 것이다. 과거에 머물며 분노에 기대는 대신, 미래를 택했다.

'분노'는 인간 본성에서 유래한 강한 힘을 가지고 있다. 안타깝지만 세상사는 간단치 않다. 사는 건 늘 힘들다. 어려움과 부족함을 느끼는 인간은 '내적 성찰'과 '반성'보다는 외부에서 그 원인을 찾으려 한다. 절대적 존재가 아닌 인간의 본성이 그렇다. 이성의 힘이 조금만 약해지면, 긴장의 끈을 잠시라도 놓아버리면, 고개를 숙이고 엎드려 있던 '분노'는 언제든 위세를 떨칠 준비가 돼있다. 문제는 당신의 그 분노를 이용하는 사람들이, 그런 조직이, 진영이 있다는 것이다. 당신의 분노를 이용해 자신의 삶을 영위하는 자, 당신의 분노를 이용해 권력을 유지하는 자, 권력을 탈취하려는 자 그리고 조직이 있다. 진영 논리에 내재된 분노를 불러일으켜 본인의 잘못을 숨기려 하는 자도 있다.

"모든 동물은 평등하다. 그러나 어떤 동물은 다른 동물보다 더평등하다."는 조지오웰의 《동물농장》 문구가 단지 소설 속 문구에 지나지 않다는 것을, 당신을 과거에 몰아놓고 당신의 분노를통해 자신의 '편안한 오늘'을 누리는 분들이 있음을 알고 있는가?

2019년 8월 여름, 대한민국은 '조국 수호'와 '조국 구속'의 두갈래로 찢어졌다. 모든 일에 누구보다도 앞장서 고상한 언어로일침을 놓던 분의 삶이 제대로 까발려졌다. 장막이 벗겨졌다. '가붕개' 운운하더니 자기 자식은 '용'으로 키우려 '불법과 편법'을오갔다. 그러면서도 초연했고, 당당했다. '윤석열 검찰'이라는 '가상의 적'까지 만들어냈다. 하지만 사람들은 더 이상 그분이 원하는 '가붕개'가 아니었다. 그분은 이제 '조만대장경''조적조(조국의적은 조국)' 등으로 희화화됐다. 결국 수사가 개시됐다. 당시 수사

분노조장 시대유감

를 책임졌던 한 남자는 문재인 정부로부터 모진 핍박을 받았다. 그의 원칙적인 행보에 '공정과 상식'은 시대정신이 됐다. 국민이 소환한 윤석열은 어느새 야당의 유력 대선주자로 부상했고, 결국 대한민국 대통령이 됐다.

그리고 몇 년의 시간이 지났다. 하지만 고상한 그분은 여전히 많은 말씀을 하고 계시다. 참 많은 것을 가지고 있음에도 여전히 '피해자'로 자신을 규정한다. 2024년 총선 출마도 점쳐지고 있다. 한때 '절필'까지 선언했던 자신의 소통창구(SNS)에 여전히 집착하며 "다양한 범민주진보세력, 그리고 국힘 이탈 보수 세력까지 다 합해 200석이 되길 희망한다."고 썼다. '민주진보' 참 좋은 말인데, 누가 말하는 순간 그 의미가 날아간다.

이제 그분은 아예 내년 총선에 출마할 수도 있다는 뜻도 본인 입으로 직접 밝혔다. 사실상 같은 편이라 할 수 있는 유튜브 채널 '김어준의 겸손은힘들다 뉴스공장'에 나와 '총선에 출마하느냐'는 질문을 받고 "지금 재판을 받고 있는데 최대한 법률적으로 해명하고 소명하기 위해서 노력을 할 것"이라며 "이것이 안 받아들여진다면 비법률적 방식으로 저의 명예를 회복하는 길을 찾아야 하지 않느냐는 것을 생각하고 있다."고 말했다. 그는 비법률적 방식에 대해 '문화적·사회적, 또는 정치적 방식'이라고 설명하며 "자신을 소명하고 해명해야 할 본능이 있을 것 같고 그런 것이 또 시민의 권리"라고 덧붙였다. 법률가다 보니 참 어려운 표현을 쓴다. '비법률적 방식'으로 저의 명예를 회복하는 길이라니, 선거에 나가고 싶다는 말을 이처럼 에둘러 사용하는 게 참 애처롭다. 현학적이고 고답적이다. 자신의 아이들을 '용'으로 키우기 위한 온갖 특권과 반칙을 동원하고, 편법-불법을 오간 분이 태연하게 보통 사람들의 권리인 '시민의 권리'를 운운하며, 다시 한 번 보통 사람들의 마음을 후벼팠다.

본인은 잘못을 시인하고 싶은데 본인을 둘러싼 '서사'가 깨지는 게 싫은가? 그걸 믿고 따라주는 많은 열성 지지자들의 실망하는 모습이 두려운가? 아니면 위선에 위선을 더한 삶에 결국 현실의 자아를 끼워맞춰 버린 건가? 본인조차 머릿속에서 '길'을 잃어버린 듯하다. 반복되는 '피해자 코스프레'에 측은하기까지 하다. 역시 용서는 안 된다.

'60세가 되면 뇌가 썩는다'고 주장한 작가분도 있다. 고상한 분의 아내인 모 교수가 검찰 압수수색 전 PC를 반출해 증거인멸 의혹에 휩싸이자 "증거 인멸이 아니라 증거를 지키기 위한 것"이라며 '증거 인멸'의 개념을 순식간에 '증거 보전'으로 역대급 억지로 바꿔치기를 하셨다. 전前 정부 시절엔 어용御用지식인을 자처하며 정부를 옹위하고 야당을 공격했다. 현現 정부 들어선 누구보다 먼저 '정부'를 공격하며 여전히 맹활약 중이다. 개인적으로 말과 단어, 개념의 정의를 오염시키고 바꿔치기하는, 타락시키

분노조장 시대유감

는, 선동하는 음모론자와 궤변론자들이 제일 싫다. 그들은 고고한 척까지 한다. 누가 '정의롭다'는 말을 이처럼 타락시켰는가?

젊은 날 학생 운동Movement과 노동 운동을 통해 대한민국을 변화시킨 분들 중 적지 않은 분들이 정치권으로 들어왔다. '386'이라는 이름으로 '운동권''민주화'라는 훈장을 통해 정치·사법·경제·사회·문화·언론 등에서 진지陣地를 구축했다. 한국 사회에서 주류로 자리잡은 지 20년이 넘었다. 기득권을 거악으로 상정해 싸웠던 그들이 누구보다 튼튼한 기득권의 중심부가 됐지만 여전히 약자, 피해자로 자신을 규정한다. 거창한 '민주'와 '정의'라는 말로 사람들을 현혹시켰다. 이젠 진영 논리까지 동원해 본인들의 잘못을 가리고, 희석시키고 있다.

잘못을 도무지 인정하지 않는다. 세상 모든 것을 이기고 지고의 싸움으로 규정한다. 사실관계는 중요하지 않다. 일단 이슈를 선점하고 프레임을 만들어 낸다. 늘 감성, 감정, 분노가 동원된다. 중간의 영역에서 접점을 찾고 양보하면서 다음을 기약하면 '수정주의자''쁘락치''수박'으로 규정한다. '방탄 국회'의 장본인이 된 야당 대표에 대해 '이견'을 제시하는 당내 인사를 향해 '개딸'들은 이렇게 외친다.

"당대표 팔아먹은 국짐 쁘락치 수박 시키."

'대선 3라운드'라는 2024년 총선을 앞두고 있다. 당신은 여전히 '과거'에 머무르며 남 탓을 하고, '분노'하면서 고상한 누군가의 삶을 위해 '희생'하면서 그들의 더 높은 삶을 떠받치는 '수단'으로 인정받는 데 만족할 건가? 그들을 위대하다며 지지할 것인가? 아니면 자신의 '미래'를 위해 온전하게 현재를 바라보면서 냉철하게 '이성'적인 판단을 할 것인가?

세상을 긍정적으로 변화시키려는 '열정'과 과거에 머무르면서 현실을 부정하는 '분노'는 다르다.

차례

II 당신은 윤석열 대통령을 알고 있나? 윤석열의 '찐모습'

III 과거에 머무를 것인가,
   미래를
   현실화할 것인가?

I

나는 왜 일면식도 없는
윤석열을 위해
19년 다니던
KBS를 떠났나?

여느 여름날의 저녁
그리고 한 통의 전화

2021년 6월 21일 월요일 저녁은 지극히 평범한 저녁이었다. 한 통의 전화를 받기 전까지는 말이다.

한낮의 수고와 무더위를 씻어내기 위해 KBS 동기들과 회사 인근의 식당에서 저녁을 먹으면서 가볍게 시원한 맥주를 마시고 있었다. 스피커에서 흘러나오는 음악과 손님들의 오고가는 대화, 웅성거림에 종업원들의 분주함까지 더해져 식당 안은 어수선했다. 시간이 지날수록 식당을 채운 사람들의 데시벨은 점차 높아졌다.

갑자기 휴대전화 벨이 울렸다. 본능적으로 휴대전화를 손으로 잡아채 식당 밖으로 나갔다.

"김기홍 기자님이시죠?"

"네 맞습니다."

약간의 침묵이 흘렀다. 수화기 너머로 약간의 주저함이 느껴졌다.

"저는 윤석열 총장님을 돕고 있는데요. 주변에서 많이 추천을 해주셔서요."

"네? 윤석열 총장님이요? 저를요? 누가요?"

"맞습니다. 윤석열 총장님입니다. 여러 분들에게 물어봤는데 좋은 분이라고 하시네요. KBS에서 20년 가까이 기자로 근무하고, 정치부 경험도 있고, 대인관계도 좋다며, 사람들 평評이 비슷하더라고요. 저희와 같이 하실 수 있나요?"

그야말로 '직진'이었다. 친절한 설명을 건너뛴 거침없는 물음이었다.

주저는 나의 몫이었다. 윤석열 총장, 사람에 충성하지 않는다는 윤석열 총장 쪽에서 왜 나를…. 뭐, 유력한 대선주자가 나에게 관심은 갖는다는 것은 일단은 기분 좋은 일이다. 하지만 그와 무언가를 함께 하려면 결국 KBS에서 나와야 한다.

"네 감사합니다. 그런데 워낙 갑작스러워서요."

분노조장 시대유감

"죄송하지만 다음 주에 정치참여 선언이 있어서요. 빨리 결정해 주셨으면 합니다."

"네, 네 알겠습니다. 생각해 보고 저도 빨리 결정하도록 노력하겠습니다."

휴대전화를 끊은 다음 그 자리에 잠시 멍하니 서 있었다. 얼마나 서 있었는지도 모르겠다. 윤석열 검찰총장, 엄밀하게 말하면 전前 검찰총장…. 온 국민이 다 아는 인물이다. 내가 법조 출입을 하긴 했지만 주로 법원 위주로 취재를 한 만큼, 윤석열 전 총장을 만난 적은 없다. 만난 적이 없으니 당연히 말을 나눠 본 적도 없다.

말 그대로 일면식一面識도 없는 사이다.

식당 안으로 들어갔다. 많은 사람들이 한 덩어리씩 뭉쳐 있었다. 나만 다른 세상에 홀로 떨어져 있는 느낌이었다. 나는 세상의 고민을 다 안은 듯한 표정을 지을 수밖에 없었다.

얼떨떨한 표정을 본 동기가 물었다.

"무슨 전화야?"

"어, 아는 분이 전화 주셨는데…, 그래, 아까 무슨 말을 했더라."

화제를 급히 돌렸지만 그때 구체적으로 동기들과 무슨 얘기를 나눴는지 지금도 생각이 나지 않는다. 당시 내 머릿속은 온통 수화기 너머 들려온 이름 석 자, '윤석열'로 맴돌았다.

동기들과 헤어지고 여의도에서 신길역까지 그냥 걸었다. 걷고 싶었다. 그리고 지하철을 타고 인천 송도에 있는 집으로 돌아오는 길이 그날따라 길었던 것 같다.

분노조장 시대유감

"그래, 윤석열이 맞다."
고민은 깊고 결정은 빨랐다

"윤석열 전 총장과 함께 정권교체를 하자."는 제안…. 그 제안을 받으면 나는 KBS를 떠나야 한다. 무언가 도전을 하기 위해선 내가 가진 것을 내놔야 하는 게 '인생사'. 그래, 세상에 공짜란 없다.

결국 19년을 바친 KBS 기자 생활을 정리해야 했다.

KBS 기자 생활을 접고 정치 영역에 들어선다는 건 나에게 새로운 도전이자 인생의 가장 큰 '전환점'이 될 사건이었다. 안정적인 KBS 기자에서 언제든 '백수'가 될 수 있는 '정치인'이 된다는 건 말 그대로 리스크가 큰 선택이다. 윤 전 총장을 도와 정권교체를 이뤄내면 다행이지만 반대의 결과가 나오면 다시 KBS로 돌아갈 수도 없는 그야말로 '정치 낭인'이 될 수도 있는 상황이었다.

아주 현실적인 부분도 큰 문제였다. 돈이었다. 더는 월급을 받지 못한다는 것. 당시 난 중학생과 초등학생을 둔 가장이었다. 매달 들어가는 학원비며, 생활비, 은행 대출 이자 등 들어오는 월급에 맞춰 빡빡하게 맞춰 놓은 균형점이 한꺼번에 무너진다는 생각에 걱정이 밀려왔다.

자고 있는 아내를 한동안 물끄러미 쳐다봤다. 그리고 아이들 방으로 갔다. 늘 그렇듯 이불을 발로 차낸 뒤 몸을 한껏 웅크리고 자고 있었다. 아이들 목까지 이불을 덮어줬다.

그렇게 불면의 시간이 지나갔다.

하지만 결정을 내리는 데 그리 오랜 시간이 걸리지 않았다. 돈 문제는 퇴직금으로 일단 버텨 볼 수 있었다. 2022년 3월 대선까지는 8개월여 남았다.

밤사이 '두 가지' 질문에 몰입했다.

첫째, 지금 사람들이 원하는 게 무엇인가? 어떤 '변화'를 원하는가? 이 시대의 흐름? 시대정신이 무엇인가?

둘째, 그 국민의 '바람'을, '시대정신時代精神'을 윤석열 전 총장이 담아낼 수 있을까?

2019년 8월 대한민국은 한 사람 때문에 두 동강이 났다. 자기

분노조장 시대유감

와 다른 생각을 지닌 이들에게는 엄격한 잣대를 들이대며 고상한 언어로 비판하며 대중들에겐 '의식 있고 좋은 사람'으로 각인된 분의 '실체''민낯'이 드러났다.

그분은 2012년 자신의 SNS에 '개천에서 붕어·개구리·가재로 살아도 행복한 세상을 만드는 게 중요하다'는 글을 썼다. 9년이 지난 2021년 검찰은 그분 아내의 재판에서 다시 한 번 가재·붕어·개구리를 소환했다.

"공범(조국 전 장관)이 '가재와 붕어, 개구리'로 칭한 대다수의 학생과 학부모가 믿은 시스템의 공정성을 훼손한 점을 고려해 주십시오."

국민은 거리로 나와 '조국 구속'을 외치며 공개적으로 문제를 제기했다. 문재인 대통령의 대답은 이랬다. 문 전 대통령은 2020년 신년 기자회견에서 "(수사나 재판) 결과와 무관하게 조 전 장관이 지금까지 겪었던 고초만으로도 저는 크게 마음의 빚을 졌다고 생각한다."고 밝혔다. '법무부 장관을 사퇴시키라'는 국민의 뜻을 받아들인 것은 사실은 '쇼'였고, '억지춘향'에 불과했다는 것을 시인했다.

국민이 뽑아준 대통령이 국민들에게 '마음의 빚'을 진 게 아니라 그분에게 '마음에 빚'이 있다고 천명했다. 최소한 이전까지만 해도 잘못을 하면 반성하고 용서를 구하는 게 '정치권의 상도'였다. 언론이 비판하고, 검찰이 수사해서 기소해도, 검찰에 '나쁜 놈''정치 검찰'이란 프레임을 씌웠다. 더구나 '피해자' 코스프레를 더해 진영의 포근한 품에서 '영웅' 노릇도 했다.

지금도 조국 법무부 전 장관은 신뢰와 공정, 상식 법치, 정의 등 온갖 좋은 말들을 자신의 SNS에 올린다.

최근 재벌 3세 사칭에 남과 여를 넘나드는 희대의 사기꾼 반열에 오른 분의 특유 화법을 따라 지난 11월 자신의 페이스북에 "I am 신뢰. I am 공정. I am 상식. I am 법치. I am 정의."라고 썼다. 자신의 자녀 입시 비리 혐의로 기소돼 1심에서 6개 혐의에 대해 유죄 판결을 받은 상태지만 '딴 세상' 사람이다.

재판부는 판결 당시 "대학교수 지위를 이용해 수년간 반복 범행했고 입시 공정성에 대한 신뢰를 심각하게 훼손해 책임이 무겁다."고도 친절하게 설명했지만 이분은 귓등으로도 듣지 않는다.

자신의 페이스북에 공정, 신뢰 등을 언급한 지 채 일주일도 지나지 않아 총선 출마를 '자신의 입'으로 기정사실화했다.

내년 총선에 출마할 수도 있다는 뜻을 밝혔다. 현재 받고 있는 재판 결과에 따라 정치적으로 '명예 회복을 하겠다'는 것으로 읽힌다.

본인에게 아주 우호적인 유튜브 채널 '김어준의 겸손은힘들다 뉴스공장'에 출연해 '총선에 출마하느냐'는 질문에 "지금 재판을

　　　　　　　　　　　　분노조장 시대유감

받고 있는데 최대한 법률적으로 해명하고 소명하기 위해서 노력을 할 것"이라며 "이것이 안 받아들여진다면 비법률적 방식으로 저의 명예를 회복하는 길을 찾아야 하지 않느냐는 것을 생각하고 있다."고 말했다.

'겸손은 힘들다'는 유튜브 채널의 이름처럼 이 분에게는 '반성과 자중은 힘든 것' 같다.

자녀 입시 비리와 청와대 감찰 무마 혐의로 1심에서 징역 2년을 선고받았고 현재 항소심을 진행 중이지만 미리 항소심에서의 '유죄'를 확신한 듯 '비법률적 방식'이라는 법률가다운 용어를 사용하며 출구전략을 시사했다.

한때 잠시 법무부 장관이었지만 '공정한 법'의 잣대에 기대기는 힘들다는 판단 때문이다. 애초부터 법을 믿는 분이 아니었다. 폴리페서^{polifessor}, 정치인이었다.

이 분은 또 "현행 법체계 내에서 어떤 한 사람이 자신의 소명과 해명이 전혀 받아들여지지 못했을 때 그 사람은 비법률적 방식으로, 예를 들어서 문화적·사회적, 또는 정치적 방식으로 자신을 소명하고 해명해야 할 본능이 있을 것 같고 그런 것이 또 시민의 권리"라고 덧붙였다.

'시민의 권리'라는 말을 했을 때 무엇보다 공정과 상식이라는 담론을 타락시킨 당사자가, '가붕개' 운운하면서 자기 자식들은 누구보다 잘 나가는 '용'을 만들기 위해 '반칙과 특권, 편법, 불법'

을 넘나든 분이 시민의 권리를 언급하는 게 애처롭기도 하고 처량하다.

　사람들은 결국 이 분의 위선적인 삶을 통해 '공정'이라는 담론이 나의 삶과 거리가 먼 추상적인 담론이 아니라 '나의 삶과 직결된다'는 것을 깨닫게 됐다. 무엇보다 그분의 삶을 옹호하는 정권의 '오만'에 실망했고, 나아가 정권이 바뀌어야 된다는 결론에 생각이 모아졌다.

　사람들은 누군가의 아들과 딸이라는 이유로 다른 이들보다 앞서는 자리를 차지해 버리는 '반칙'과 '편법'이 아니라 공정한 사회, 예측 가능한 시스템 안에서의 경쟁을 열망했다.

　'기회는 평등하고, 과정은 공정하고, 결과는 정의로울 것'이라는 그럴싸한 말은 어느새 용도폐기됐다. 현실은 거창한 말과 정확히 정반대로 치달았다.

그렇다면 이런 국민의 '열망'을 담아낼 사람, '공정'의 가치를 구현할 사람은 누구인가?

'답'은 정해져 있었다. 윤석열 전 검찰총장이었다.

일면식은 없지만 언론을 통해 윤 전 총장의 결단과 삶의 부침은 잘 알고 있었다. 보수 정권에서 국정원 댓글 수사로 인해 대구 고검으로 좌천이 되면서까지 '원칙'을 지켰다. 박근혜 정부 초기 적당히 수사를 하면 '영전'의 기회를 얻을 수 있었다. 윤 전 총장은 '국정원 댓글 사건'을, 선거에 영향을 줘 자유민주주의의 근간을 뒤흔들 수 있는 중대한 사건으로 봤다. 원칙대로 뚝심을 가지고 수사를 진행하다 불이익을 받았다. 평탄한 길로 이어진 '넓은문'이 아니라 뻔히 보이는 고생스러운 '좁은 문'에 들어섰다.

2019년 8월, 검찰총장으로서 문재인의 사람인 '법무부 장관 후보자'에 대한 수사를 했다. 어떤 정치적인 의도가 있어서는 아니었다. 언론에서 제기되는 문제가 워낙 많다 보니 압수수색 영장을 신청했는데, 법원에서 모두 발부됐고 이에 따라 수사에 들어간 것이다.

잘못하면 수사 받고 죄가 있으면 벌을 받으면 된다. 이게 순리다. 이게 법치고, 공정한 사회다. 하지만 당시 청와대와 집권여당은 자신들이 택한 윤석열 검찰총장을 끌어내리기 위해 별의별 수단을 다 썼다. 이를 보다 못한 국민들이 윤석열 총장을 지키기 위해 나섰다. 법치, 자유민주주의를 지키기 위해 나섰다. 조국 사태를 거치면서 자연스럽게 '공정'하면 '윤석열' 이름 석 자를 떠올렸다.

국민의 열망을 담아내는
깨지지 않는 '질그릇',
원칙과 뚝심의 윤석열

선거는 전쟁이다. 지방선거, 총선 모두 중요하지만 5년마다 열리는 대선은 '대한민국의 미래'를 좌우한다. 전쟁이라는 말로는 담아내기 부족한 뭔가가 있다.

그래서 단단한 리더십이 중요하다. 그럴싸한 이미지로 처음엔 지지율을 올릴 수 있다. 그걸 지속적으로 유지하는 건 다른 차원의 문제다. 어떤 사람이 어떤 것을 해 낼 수 있느냐는 결국 그 사람의 과거를 보면 알 수 있다. 어려운 상황에서도 원칙을 지켜내고 그 진심을 결국 사람들이 알게 돼 소환된 사람. 당시의 유불리를 떠나 원칙을 지키다 불이익을 받을 게 뻔히 보이지만 뚝심 있게 그 길을 묵묵히 걸어왔던 사람. 그런 단단한 리더십. 보기만 좋은 유리그릇이 아니라 쉽게 깨지지 않은 질그릇 같은 사람. 사람들의 열망과 기대를 온전하게 담아낼 수 있는 질그릇 같은 사람은 윤석열 전 총장밖에 없다는 생각이 들었다.

사람들이 바라는 바가 '공정과 상식'이고 그런 시대정신과 열망, 사람들의 기대를 온전하게 구현할 사람은 윤 전 총장밖에 없는 결론에 이르자 더는 주저할 필요가 없었다. 그래도 하루 더 고민했다. 다시 생각을 했다. 같은 결론에 다다랐다.

다음 날 새벽 출근 전 아내에게 나의 결심을 설명했다.

아내는 반대했다. 갑작스런 말에 눈이 동그랗게 커지고 말을 잇지 못했다. 왜 오빠가 그래야 하느냐며, 윤석열 전 총장이랑 친하냐고 물었다. 아니라고 했다. 더더욱 이해가 되지 않는다며 뭘 믿고 그러느냐고 반문했다. 아내의 걱정스런 눈빛을 뒤로 하고 일단 문을 나섰다.

회사에 도착하자마자 아버지에게서 전화가 왔다. 목소리가 전과 달리 떨리셨다. 아내가 아버지에게 말씀을 드린 것이다. "정말 KBS를 그만 두냐?"고 여러 번 물으셨다. 아버지에게 저도 두 아이를 키우는 40대 가장으로서 많은 생각과 고민 끝에 내린 결정이라고 말씀드렸다. 아버지는 정권교체가 필요하고 윤석열 전 총장도 다 좋은데, 그걸 왜 꼭 네가 해야 되느냐고 물으셨다. 난 호기롭게 "제가 도와야 이긴다."고 했다. 그리고 "반드시 이긴다."

분노조장 시대유감

고 말씀드렸다. 무엇보다 걱정을 많이 하시는 아버지를 안심시
켜야 했다. 난 자신 있었다.

집에 와서는 아내를 설득했다. 설득이라고 하지만 이미 마음이
정해져 있는 상태에서의 '통보'였다. 두 가지를 약속했다. 우선
KBS에 다닐 때보다 더 열심히 일하기로 했다. 그리고 혹시 결과
가 좋지 않으면 정치와 관련된 일은 앞으로 절대 하지 않겠다고
다짐했다.

"그럼 오빠가 원하는 대로 해."
"고맙다. 가슴 설레는 일을 하고 싶어."

그렇게 예상치 못한 전화를 받은 지 채 이틀이 지나지 않아 내
입장이 정리가 됐다. 함께 하자는 제안을 준 분에게 전화를 드렸
다. 다음 날 윤석열 전 총장 집으로 찾아가기로 했다.

월요일 전화를 받은 뒤 생각을 정리했고, 수요일 아침에 아내
에게 말을 한 뒤 그날 저녁 아내에게 허락을 받았다. 늦은 밤 통
화해서 약속을 잡고 바로 다음 날인 목요일 저녁 윤 전 총장 집
으로 갔다.

윤석열과의
첫 만남

시간은 절대적인 개념이지만 특별한 날, 특별한 경험을 거치게
되면 무의식적으로 편집 기술이 적용돼 상대적인 개념으로 뒤
바뀐다. 물론 시간은 똑딱똑딱 공평하게, 공정하게 흐른다. 하지
만 시간을 빽빽하게 채우는 경험과 기억의 세기는 상대적이다.
그래서 1년 365일 하루 24시간 안에 채워진 수많은 경험 속에
서도 5감感으로 유난히 또렷이 기억되는 날들이 있다. 윤 총장을
처음 만난 그날이 그랬다.

문을 여는 순간 눈 안으로 윤 전前 총장이 들어섰다. 유력한 대

분노조장 시대유감

선 주자! "사람에 충성하지 않는다." "검수완박 부패완판" 무소의 뿔처럼 혼자서 가라는 경구처럼 원칙 있게 강단 있게 살아온 원칙주의자. 강한 인상에 말에는 무게가 실렸지만 그날 그의 모습은 털털한 동네 아저씨였다. 회색 반팔에 반바지. 회색 반팔은 내가 집에서 입는 옷과 워낙 비슷해 크지 않은 내 두 눈이 있는 대로 동그래지기까지 했다. 권위적이란 느낌은 찾으려야 찾을 수 없었다.

나의 시선은 윤 전 총장을 똑바로 응시할 수 없었고, 이내 아래로 떨어졌다. 여러 마리의 강아지들이 경쟁하듯 내 양말에 킁킁대며 코끝을 갖다 댔다. 너무나 큰 관심을 보이고 있었다. 신발에서 방금 전 탈출한 양말은 한낮의 분주함과 더위, 습함을 동시에 머금고 있었다. 그 아이들에겐 너무나 자극적이었다. 낯선 이를 인식하는 당연한 방식이지만 나에겐 '난처함' '부담'으로 느껴질 수밖에 없었다. 말 그대로 경황이 없었다.

안절부절못하는 나를 윤 전 총장은 부엌으로 안내했다. 서로 질세라 경쟁하듯 나의 발끝을 따라 부엌까지 온 강아지들을 윤 전 총장이 방으로 데려갔지만 열린 틈으로 다시 나왔다. 하지만 이내 낯선 이의 냄새에 익숙해졌는지 금세 관심을 거뒀다.

총장은 우선 냉장고에서 이것저것 음식을 꺼냈다. 과일과 음료, 그리고 방금 누군가 사 온 빵 봉지에서 조개처럼 생긴 빵을 내게 건넸다. 마들렌이라 했다.

그리고 2시간이 흘렀다.

리더의 자격,
'자기 언어'를 사용하는가?

정치부 기자를 하면서 의외로 자기 언어를 구사하는 정치인이 많지 않다는 걸 알게 됐다. 누군가 써준 원고를 그대로 읽는 정치인들이 많았다. 물론 수많은 일정을 소화하려면 메시지를 담당하는 사람이 필요하다. 맞다. 하지만 누군가가 써 준 메시지가 아니라면 어떤 사안에 대해 자신의 언어로 설명하지 못하는 정치인이 의외로 많다. 그러다 보니 국정감사장에서 상대방의 답변에는 관심 없이 쉼 없이 페이퍼 안의 원고대로 질문하고 하고 싶은 얘기만 하는 국회의원이 적지 않다. 말을 잘한다는 건 단지 조리 있게 말을 한다거나, 재미있게 말을 한다라는 의미가 아니다.

분노조장 시대유감

어떤 문제를 충분히 인식해서 자기 언어로 소화해 표현할 줄 알아야 한다. 기본 전제가 문제점 파악이다.

더불어민주당 대통령 경선이 한창 진행 중이던 2017년 어느 무렵. 문재인 후보 캠프의 한 관계자가 〈후보 TV 방송 토론〉을 끝내고 기자들에게 이렇게 말했다.

"우리 후보님은 학습력이 좋아. 시키는 대로 잘 하지."

자기 후보를 칭찬하는 건지, 욕보이는 건지를 본인조차 모르는 걸까. 아무튼 문재인 후보는 대통령이 되어서도 뭔가 손에 페이퍼가 없으면 대답을 잘 하지 않을 것 같아 보였다. 2015년 당 대표 시절에도 기자들의 질문에 좀처럼 대답을 하지 않았다. 질문을 하려고 시도하면 어느새 대변인이 자연스럽게 몸으로 스크린을 했다. 기자들도 그런 분위기에 익숙해져 굳이 현장에서 질문을 하려 하지 않았다. 말 그대로 순치됐다.

그래서 그런지 문재인 대통령은 취임 이후에도 '자기 언어'를 구사한다는 생각은 들지 않았다. 한 나라의 대통령인데 남이 써준 원고대로 그대로 읽는다는 게 아무튼 이상했다. 그리고 불안했다.

그런 불안함을 메운 건 이미지, 한 장의 사진이었다.

등장인물들은 대통령을 포함해 8명. 유일한 여성 한 명을 제외

하곤 모두 양복 상의를 벗은 채 흰 와이셔츠 차림이다. 한 손에 커피를 들고 걸으면서 등장인물들 모두 활짝 웃는다. 질문에 답변을 안 하는 분이 누군가의 재주로 어느새 '소통의 달인'으로 바뀌었다. 그래 이게 홍보일 수 있다. 하지만 그런 눈가림은 오래가지 못했다.

조국 사태를 거치면서 나라가 두 동강이 나 버렸지만 문재인 당시 대통령은 조국 전 민정수석에게 '마음의 빚'을 운운했다. 국민과의 불통이 낳은 아주 사적인 감정, 사감으로 국정을 이끈 것이다.

그래서 이번에 대통령이 될 사람이 과연 자기 언어를 구사하는지, 다른 사람의 말에 휘둘리는 게 아니라 자기 생각이 있는지가 나에겐 가장 중요한 관심사였다.

분노조장 시대유감

삶의 궤적,
거기에서 묻어나는
자기 언어의 무게 '단단함'

자기 언어를 구사한다는 건, 어떤 현안에 대한 자기 입장이 있다는 것이다. 현안에 대한 자기 입장이 있으려면 그 분야에 대한 관심이 선행돼야 한다. 여러 분야에 대한 입장에는 전체적으로 관통하는 하나의 가치, 키워드가 있어야 한다. 무엇보다 중요한 건 그 사람의 삶이 그런 가치와 결을 같이 해야 한다는 점에 있다. 말 따로 행동 따로라면 그 사람의 말에 도무지 힘이 실릴 수 없다.

2시간 동안 이어진 윤석열 전 총장과의 대화에서 '공정'이라는 담론, 그 담론이 젊은 세대에게는 '예측 가능성'이란 단어로 설명된다는 데 공감대를 형성했다. 관념적이고 거창한 수사가 동원되는 '공정'이 아니라 우리가 노력은 할 테니 '예측 가능한 상황'이라도 만들어 달라는 게 바로 젊은 세대들이 원하는 '공정'이라는 것이다.

정부가 '해야 할 것'과 '하지 말아야 할 것'에 대한 구분이 필요하다는 데도 의견이 일치했다. 문재인 정부는 최저 임금의 급격한 인상 필요성을 주장하며 '소득 주도 성장론'을 근거로 제시했다. 마차가 말을 끄는 형국이었다. 경제 교과서에도 없는 이념적인 정책을 현실에 바로 적용했다. 부동산 정책에서는 수요와 공급이라는 시장의 역할을 무시한 채 '세금'과 '규제'를 통해 관리하려다 집값만 올려놓았다. 인간의 본성에 반하는 정책은 지속 가능하지도 않고 부작용만 키우는데도 이를 강행했다. 집을 가진 분들도, 집을 사려는 분들도, 전월세에 사시려는 분들도 모두가 불행했다. 국가 미래를 위해 반드시 해야 할 개혁 과제는 등한시했다. 연금개혁은 물론, 노동개혁, 교육개혁을 시도조차 하지 않았다. 오로지 정권 유지를 위해 선거를 앞두고 '지원금'을 거침없이 풀었다. 자기 주머니에서 나가는 돈이 아니라 나랏돈이다. 국가부채는 문재인 정부 기간에만 400조 원이 급증했다. 지난해 기준 국가부채가 1000조 원을 돌파했다. 문재인 정부에서만 전체 국가부채의 40% 정도가 늘어난 셈이다.

분노조장 시대유감

윤 전 총장은 자유에 대한 이야기도 많이 했다. 정치참여 선언을 할 장소가 매헌 윤봉길 기념관인 만큼 관련 논의도 이뤄졌다. '항일'이나 '반일''민족'이란 개념보다 '자유'에 대한 언급이 더 많았다. 독립운동을 단순히 일본으로부터의 독립이 아니라 자유의 확장, 국민이 주인인 나라, 자유민주주의 국가를 만들기 위한 독립운동으로 설명했다.

무엇보다 인상적인 건 '공정과 상식'이라는 시대정신을 담을 수 있는 '깨지지 않은 질그릇' 같은 삶의 궤적이었다. 거기에서 묻어나는 자기 언어에서 '단단함'을 느꼈다.

사람에 대한 태도
'털털함과 따듯함'

유력한 대선주자이자 대통령이 될 사람, 게다가 처음 보는 분인데도 불구하고 2시간 동안의 대화는 막힘이 없었다. 19년 넘게 기자 생활을 했다 보니 남들이 보면 '취재하러 왔나?'라는 생각이 들 정도로 많은 질문을 던졌다. 윤석열 전 총장은 두서 없는 질문에도 때론 어떤 사안에 대해 내 자신의 입장을 피력해도 식탁에 몸을 기댄 채 경청했다. 나도 모르게 이야기가 술술 나온 거 보면 윤 전 총장이 가진 편안함과 거침없는 솔직함 그리고 권위적이지 않은 털털함에 어느새 익숙해져 버린 것 같았다.

6·29 정치참여 선언을 목전에 둔 시기라 총장에게서 더 이상

시간을 뺐으면 안 되겠다는 생각에 작별 인사를 했다. 총장은 현관까지 나를 데려다 주면서 복도에 걸린 특유의 색감과 숫자가 가득한 그림 앞에서 자랑을 했다. '작품'을 보면 영감이 많이 떠오른다며 10분 정도 말씀을 이어갔다.

화가에 대해서 그리고 어떤 연유로 이 그림이 집으로 오게 됐는지까지 친절하게 설명했다. 그해 9월 SBS 예능프로그램 〈집사부일체〉 출연을 통해 대중들은 그 그림이 어떤 그림인지 알게 됐다. 스치듯 지나가는 화면에서도 사람들의 시선을 잡았던 그림은 발달장애인인 김현우 화가가 그린 '바다 모래 수학드로잉'이다.

KBS
마지막 출근길

"정권교체를 함께 하자."는 제안을 받은 날이 월요일이었다. 그 주 금요일 사표를 쓰기 위해 KBS로 마지막 출근길에 나섰다. 사표를 쓴다는 사실은 오직 나만이 알고 있었다. 사람들은 여느 날과 다름없이 반갑게 나를 맞았다. 오늘이 마지막이라는 생각에 인사를 건네면서도 기분이 묘했다. 좋고 나쁨을 떠나 정말 그랬다.

KBS에서 나 같은 사례는 없었다. 정치권으로 가면 대부분 공천을 미리 약속 받거나 대변인 등의 자리를 보장 받는 경우가 대다수다. 아무것도 정해지지 않은 상태에서 KBS 기자직을 버리고 가는 경우는 내가 알기로는 없다. 축하해 주면서 격려해 주는

분노조장 시대유감

분들도 있었지만 걱정 어린 시선도 적지 않았다. 그리고 이런 말들이 뒤를 이었다.

"제3의 후보가 대통령이 된 적이 없는데…."
"그래도 홍준표 의원이 국민의힘 후보가 되지 않겠나?"

특히 많은 분들이 이렇게 물었다.

"윤석열 전 총장과는 원래 알던 사이였지?"

"전혀 아닌데요." 나의 당당한 대답에 사람들은 '이해하기 힘들다'는 표정을 지었다. 굳이 물어보지 않아도 안다. "뭘 믿고 가느냐?" 묻고 싶었을 거다.

나는 속으로 되뇌이고 다짐했다.

"내일의 내가 궁금하면 오늘의 내 모습을 보면 된다. 현재 그 사람을 믿을 수 있는지 궁금하다면 그 사람의 삶의 이력을 보면 된다. 일면식도 없는 나를 이렇게 가슴 뛰게 만들고, 함께 행동하게 만드는 사람이라면 국민들의 마음도 사로잡을 수 있을 것이다."
"공정과 상식의 시대정신을 담을 수 있는 사람이자, 삶의 궤적에서 묻어나는 단단한 자기 언어로 무장한 사람이다."

"반드시 이긴다."

새로운 일에 대한 '설렘'과 '두려움'이 동시에 교차했다. 잘해
야 하고, 잘할 수 있다는 생각에 사직서를 제출했다.

분노조장 시대유감

일면식이 없다?
알고 보니 '조국 사태'로
맺어진 연緣

2021년 8월 여름은 뜨거웠다. 경선 기간 지방 현장은 코로나 19로 인해 실내보다는 실외 행사가 많았다. 강렬한 태양 아래서 행사를 마치고 1호차를 타고 가다 갑자기 2019년 여름이 생각났다.

"후보님 제가 후보님이랑 일면식이 없지만 생각해 보니 2019 년 여름 '조국 사태'라는 공통분모가 있네요. 제가 당시 KBS 보도에 문제가 있다고 공개적으로 문제를 제기해서 인사발령이 났거든요."

맞다. 2019년 8월 조국 법무부 장관 후보자에 대한 KBS 보도에 대해 KBS 구성원 전체가 볼 수 있는 게시판에서 문제 제기를 했다. 사실 보도는 해당 취재 기자의 영역이라 동료가 직접 뭐라고 말하기 힘든 측면이 있다. 직속 데스크도 아닌 기자가 다른 기자의 기사를 평가한다는 건 해당 기자에게 실례가 될 수 있었다. 그래서 내가 착안한 방식은 다른 방송사에서 어떤 아이템을 다뤘는지 비교해 보는 '방송 모니터'였다. 당시 다른 방송사에는 조국 관련 뉴스가 몇 개씩(방송용으로는 여러 꼭지)가 나갔다. 반면 KBS에서는 두루뭉술하게 보도하거나, 그냥 여야의 입장만 다룬 채 '실체적 진실'을 외면하는 경우가 자주 있었다. 그래서 난 KBS 뉴스에만 있고, KBS 뉴스엔 없는 아이템을 살펴보기 시작했다.

당시 KBS는 조국 법무부 장관 후보자의 발언을 그대로 중계 보도하면서 조 후보자의 발언의 진의, 사실 관계에 대해선 아예 다루지 않았다. 해당 발언에 대한 여야의 입장만을 소개할 뿐, '실체적 진실'을 위한 취재 노력은 애초부터 기울이지 않았다. 관심도 없었고 알려지기도 원하지 않았을 것이다. 언론사이기 이전에 한 진영의 입장을 대변하는 행태라고 볼 수밖에 없었다.

조 후보자는 당시 인사청문회 준비사무실에 출근하면서 이렇게 말했다.

"딸의 장학금과 논문 저자의 문제에 대한 비판에 대해서는 제

분노조장 시대유감

가족이 요구하지도 않았고 절차적 불법도 없었다는 점을 내세우지 않고, 국민들의 질책을 받고 또 받겠습니다."

"제 딸이 문제 논문 덕분에 대학 또는 대학원에 부정입학을 했다는 의혹은 명백한 가짜 뉴스입니다."

발언을 접한 기자라면 당연히 어안이 벙벙했을 것이다. 첫 번째 발언은 장학금 문제와 논문 저자 문제에 대한 국민적 비판과 질책을 달게 받겠다는 취지다. 하지만 논문 덕분에 자녀가 대학 또는 대학원에 부정입학했다는 의혹은 명백한 가짜 뉴스라고 단언했다.

논문 저자가 논문을 작성하며 제 역할을 하지 않았는데도 사적 관계를 통해 제1 저자로 등재됐다면 그 결과물인 논문 자체도 문제일 수 있다. 이미 내 것이 아닌 것을, 남의 공을 자기 이름으로 올려 가로챈 것이기 때문이다. 그 논문이 대학 또는 대학원에 들어가는 데 어떤 역할을 했는지, 그 과정에 문제가 없었는지 알아보는 건 언론과 현장 기자의 몫이다. 이제까지 확인된 사실을 기초로 할 때 그런 의혹 제기는 당연한 것이다.

자녀가 부정 입학했다고 단언을 한 것도 아니고, 이제까지 밝혀진 여러 사실과 정황상 부정 입학했을 의혹을 제기하는 것을 두고 '명백한 가짜 뉴스'라며 맞받아친 것이다.

가짜 뉴스라는 프레임을 통해 자신은 뒤로 숨으면서 합리적인 정황과 사실 관계를 기초로 한 언론의 의혹 제기에, 문제 제기에

입막음을 시도하려 한 것은 위협과 협박, 폭력으로 느껴지기도 했다.

하지만 당시 KBS 뉴스는 조국 후보자에 대한 검증을 사실상 방기했다. 의혹의 핵심을 비껴가며 조국의 편을 들었다고 생각할 수밖에 없게 소극적으로 보도했다.

반면 같은 이슈에 대해 다른 방송사는 이렇게 문을 열었다.

조국 법무부장관 후보자의 딸을 둘러싼 논란이 가라앉지 않고 있는 가운데 조국 후보자가 오늘 직접 입장을 밝혔습니다. 그 내용부터 먼저 들어보시겠습니다.

[조국 법무부 장관 후보자]
"딸의 장학금과 논문 저자의 문제에 대한 비판에 대해서는 제 가족이 요구하지도 않았고 절차적 불법도 없었다는 점을 내세우지 않고, 국민들의 질책을 받고 또 받겠습니다."
"제 딸이 문제 논문 덕분에 대학 또는 대학원에 부정입학을 했다는 의혹은 명백한 가짜 뉴스입니다."

이렇게 조국 후보자는 의혹을 강하게 부인하는데, 저희 취재팀

분노조장 시대유감

은 조국 후보자의 딸이 제1저자로 참여했던 논문에 심각한 문제점이 있다는 사실을 더 확인했습니다. 꼭 지켜야 하는 연구 윤리심의를 받지 않았고, 또 조국 후보자의 딸이 당시 고등학생이라는 것도 논문에 적지 않았습니다.

먼저 ○○○ 기자입니다.

"부정입학했다는 의혹은 명백한 가짜 뉴스"라는 조 후보자의 입장에 대해 해당 방송사 취재팀은 조 후보자의 딸이 제1저자로 참여했던 논문에 심각한 문제점이 있다는 사실Fact을 더 확인했다.

'명백한 가짜 뉴스'라는 주장에 대해 언론의 당연한 역할인 '사실 확인'을 통해 대응한 것이다. 아마 내 기억이 맞다면 취재 기자가 부산대에 가서 현장 취재를 했을 것이다.

KBS 뉴스에선 이런 현장 심층취재는 없었다. 현장을 취재하는 개별 기자들의 인식의 문제인지, 데스크를 포함한 KBS 수뇌부의 인식, 나아가 '문재인 정부는 정의롭다(?)'의 어떤 정파적 성향의 문제인지는 잘 모르겠다. 언론노조 출신이 팀장, 부장, 국장, 보도국장을 모두 차지하는 편향된 인적 구조에 누굴 탓해 무엇하나? 이런 생각이 들었다. 오늘의 뉴스는 내일의 역사가 된다. 본인들은 알 것이다.

아무튼 KBS 보도에 대한 문제점을 KBS 구성원 전체가 보는 게시판에 올렸다. 반응은 뜨거웠다. 게시판 글에 대해 구성원들은 찬성과 반대를 피력할 수 있는데 찬성이 반대보다 3배 많았다.

당시 친여(민주당) 성향의 출연자에게는 편당 수백만 원의 출연료를 주면서도 자체 프로그램 제작엔 비용을 아껴, 결국 프로그램 결방과 재방의 상황이 이어지는 상황도 공식적으로 문제 제기했다. 관련 글도 찬성이 압도적이었고, 실명 댓글을 통해 편향된 보도와 무능한 경영과 관련해 KBS 수뇌부에 대한 성토가 이어졌다.

내 글이 부담이 됐을까?

갑자기 보도본부를 대표하는 분이 지나가다가 불쑥 "왜 굳이 글을 게시판에 올리느냐."는 말을 건넸다.

너무나 아무렇지도 않게 물었다. 받아들이는 입장에선 당연히 '압박'이었다. 얼굴에 웃음을 띠었지만, 왜 쓸데없는 짓을 하느냐는 표정이었다. 난 개의치 않았다.

"저는 제 생각이 다 맞다고 생각하지 않습니다. 하지만 우리 KBS 보도와 프로그램에 대해 저는 수뇌부와 생각이 다르다는 '이견異見'을 제시하고, KBS 구성원들과 이런 '이견'을 공유하고 싶었습니다. 그리고 최대한 모니터를 통해 이를 객관화하려 했습니다. 뭐 보고 느끼면 되는 거죠."

분노조장 시대유감

이렇게 말했다. 둘 사이에 대화는 길지 않았다. 문재인 정부에 대한 비판 보도는 가급적 하기 싫은 수뇌부 입장에선 내 글이 눈엣가시였을 것이다. 하지만 조국 사태를 통해 세상이 바뀌고 있었다는 것을 그들은 인식하지 못했다. 알고 싶지도 않았다.

그해 11월 갑자기 인사 발령이 났다. '수신료'를 국민으로부터 받는 KBS의 기자는 어느 지역이든 어떤 출입처를 가든 현장의 문제점을 취재해서 사회를 긍정적으로 변화시키는 데 조금이나마 보탬이 되면 된다. 하지만 당시 KBS는 어디로 가느냐의 문제를 떠나 내 의사를 묻지도 고려하지도 않았다. 순환 근무 원칙에도 맞지 않게 기존에 갔던 곳에 다시 보냈다. 당시 정치권에선 내 인사와 관련해 국정감사에서 문제 제기를 하자는 의견도 나왔지만 내가 거절했다. 모든 출입처는 소중하다. 난 회사 수뇌부를 위해 일하는 게 아니라 국민을 위해, 긍정적인 사회 변화를 위해 일하기 때문이다.

이후 실무진으로부터 디지털뉴스 앵커 제안을 받았지만 역시 회사 수뇌부는 이를 탐탁지 않게 생각했던 모양이다. 결국 디지털뉴스팀으로 갔다. 그런데 난 여기가 정말 좋았다. 방송기자로서 시간의 제한이 있는 리포트만 하다 내가 원하는 분량으로 심층적으로 기사를 쓸 수 있어서다. 다만 사측은 내가 정치적인 내용은 쓰지 못하게 했다. 과거 정치부를 출입할 때 당시 디지털뉴스팀은 정치 관련 기사를 생산했다. 항의도 잠시 했지만 그냥 받아들이기로 했다. 이 사회를 긍정적으로 변화시키는 영역을 꼭 정치에만 국한할 필요는 없었다. 좀 더 크게 보고 긴 호흡으로 여러 분야의 기사를 쓰기 시작했다.

그런데 신기한 일이 생겼다.

나중에 들은 얘기인데 내가 디지털뉴스팀에서 쓴 기사들을 보고 윤석열 전 총장 측에서 '나에 대한 관심'을 가지게 됐다는 것이다. 젊은 세대들이 느끼는 '공정' 담론을 그들의 시각, 입장에서 들어보려고 심층 인터뷰를 했는데 국회의원 몇몇에게서 "기사 잘 봤다. 국회에서 회자된다."는 연락이 오긴 했다.

부족한 글이지만 당시 윤 전 총장 측이 왜 내게 관심을 갖게 됐고, 당시 젊은 친구들이 '공정'에 대해 어떤 생각을 하는지, 지금과는 '공정'에 대한 생각이 어떻게 다른지 알아보는 차원에서 글을 담아본다.

90년대생이 말한다 "공정이란 껍데기… 인생은 한강물 아니면 한강 뷰?"

이해한다는 것… 때로는 그것이 결국 오해였다는 것을 알기에는 시간이 걸렸습니다. 그래서 '누군가를 이해한다'는 말 앞에, 쉼표를 찍고 물음표를 던지고 싶을 때가 있습니다.

많은 분이 요즘 '세대'에 대해 이야기합니다. 서로를 이해하기

분노조장 시대유감

위한 키워드인 것은 분명하지만, 여의도 정치권에서 불어온 바람과 그 영향으로 뒤늦게 '야단법석'인 것 같기도 합니다.

2, 30대의 생각과 주장은 늘 있었지만 과잉대표된 누군가에 의해 이들의 존재는 이념적으로 너무나 쉽게 재단되고 이해(?)되고 규정됐습니다.

하지만 달라졌습니다. 아니 '달라졌다는 걸 지금에야 알았다'라는 말이 맞을 수 있습니다.

분명 이들의 목소리는 무언가를 바꾸고 있습니다. 그리고 그 변화의 과정과 결과까지도 이들은 느끼고 있습니다.

94년생 임명묵 작가를 만났습니다. 임 작가는 최근 '90년대 생은 대한민국은 어떻게 바라보는가?'라는 주제로 《K를 생각한다》라는 제목의 책을 냈는데요.

한 명의 MZ세대 작가를 통해 그들의 생각과 고민 등을 다 알 수는 없지만, 30대, 40대 그리고 50대 작가가 아닌 90년대생이 본인 세대를 어떻게 그리고 이 사회를 어떻게 바라보고 있는지 궁금했습니다.

• 우선 4, 50대 등 기성세대가 MZ세대에 대해 착각하고 있거나 잘못 이해하고 있는 부분이 뭔가요?

• • 착각하거나 오인이라기 보다는 그냥 몰이해라고 생각합니다. 그냥 편하게 얘기한다면 미디어에 대한 이해가 없는 거죠. X세대들이 커뮤니티를 할 때 그들은 기본적으로 PC를 썼는데요. 그런데 90년대생의 경우 청소년기 때부터 스마트폰을 쥐게 되는 집단들이 등장하고 거기에서 만들어지는 커뮤니티 문화라든가 콘텐츠라든가 이런 게 굉장히 달라지게 되는 거죠. 이런 변화에 대한 부족한 이해에서 나오는 인식이 제일 큰 '괴리'라고 봅니다.

온라인, 미디어 그리고 커뮤니티 문화에서 나오는 여론의 확산과 어떤 집단 운동 방식 그리고 피해 서사의 축적물….

• 피해 서사의 축적물이란 게 뭔가요?

• • 나는 피해자이고 사회로부터 버림받았고 우리를 억압하는 세력이 있다는 이런 식의 서사인데, 90년대생 사이에서는 이게 남녀로 굉장히 크게 갈려져 있고 비단 남녀뿐만이 아니라 수많은 집단이 그런 식으로 생각을 하면서 온라인에서 집단행동을 하고 그런 에너지를 발산하면서 현실 사회까지 영향을 미치고 있는 거잖아요. 하지만 기성

세대는 그런 걸 이해 못 하니깐….

• 그럼 그게 제대로 된 현실 인식인가요? 아니면 잘못된 인식
인가요?

• • 모든 인식은 객관적인 세계를 자신이 나름대로 해석을 하
는 거니깐 제가 '제대로 됐다. 아니다' 이렇게 말할 수는
없는 거죠.

• '맞다 그르다'를 따지기 전에 그들이 그런 인식을 하고 있다
는 걸 받아들여야 한다는 건가요?

• • 출발점이 되겠죠.

임 작가는 《K를 생각한다》에서 "2010년대 펼쳐진 한국 사회
의 논쟁을 훗날 돌이켜볼 때, 일베, 디시인사이드, 트위터, '여
초 카페' 등을 아예 논하지 않기란 거의 불가능할 정도로 온라
인 커뮤니티의 위상은 이전과 비교해서 엄청나게 커졌다."라고
분석했습니다.
또 2010년대에 발전한 콘텐츠 내용을 살펴보면서 "웹소설은

위계를 거슬러 오르는 사회적 상승, 적대적 세계 속의 투쟁, 경쟁이 야기하는 스트레스에 대한 이야기를 담으며 독자들의 눈을 사로잡았다."고 설명하기도 했는데요.

• 그렇다면 90년대생을 이해하려면 어떻게 해야 하나요?

•• 소비하는 콘텐츠를 보면 되는데요. 90년대생 사이에서 선풍적으로 인기를 끌기 시작한 강력한 문화 코드가 있었는데 그게 바로 한탕주의입니다.

•• 서울대생이나 고등학교를 졸업한 친구나 한탕주의가 깔린 웹소설과 웹툰을 봅니다. 이걸 통해 일종의 신분 상승에 대한 대리 만족을 느끼는 건데, 그렇다 보니 사랑 얘기보다는 전생이나 시간 여행 등을 통해 미래 정보를 알고 몇 배의 돈을 버는 이야기가 주된 구조입니다.

•• 한탕주의는 코인 열풍에서 잘 나타났는데 '코인'이라는 한탕의 꿈을 꾸거나 심하면 정말 목숨까지 걸었던 이유는 지금이 아니면 상위 계층으로 올라갈 수 없고, 성장 없는 노동과 고된 경쟁에서 해방되는 길이 없다고 생각했기 때

문입니다.

- 책에서 "인생은 한강물 아니면 한강 뷰다." 이렇게 얘기했는데? 이런 맥락인가요?

- • 코인 투자가 한창일 때 인터넷 커뮤니티에서 나왔던 말로 기억합니다. 즉 모든 걸 걸어서 한강물에 들어가든지, 실패하면요. 아니면 성공해서 한강 뷰가 보이는 아파트를 사든지 말입니다

그렇다면 이들에게 있어 삶은 답답함 자체인 듯 보이는데 그런 만큼 '공정'에 대한 욕구도 클 것 같아 물었습니다.

- MZ세대에게도 '공정'이 중요한 화두겠네요?

- • 공정이란 말 자체가 좀 껍데기 같은 말이죠. 공정론에 있어 정서적 반발감이 핵심이라고 보고요.
  저는 젊은 사람들이 예측 가능성을 제일 높이 보고 있다고 봐요. 평창동계올림픽 여자 아이스하키 남북단일팀의 경우 청년층에서 볼 때 이미 경쟁 풀pool이 주어져 이만큼

노력했는데 그걸 갑자기 바꾼다, 이런 것들에 대한 반발이 심했던 거죠.

• • 불확실성에 대한 불안을 줄이기 위한 최소한의 심리적 지지대가 국가 시스템이었는데 그것에서 문제가 생겼다고 본 거죠. 즉 국가 시스템, 예측 가능성에 대한 신뢰를 보여 달라는 게 공정에 대한 얘기가 아닐까 싶습니다.

관념적이고 거창한 수사가 동원되는 '공정'이 아니라 우리가 노력은 할 테니 '예측 가능한 상황'만 만들어달라는 얘기로 해석되기도 하는데요.
이번에는 좀 민감한 문제인 남녀갈등에 관해 물었습니다.

• MZ세대는 오프라인에서는 안 싸우고 잘 지내는데 온라인에선 싸운다는 얘기가 있는데?

• • 오프라인에서, 실제 만나서는 안 싸우니깐 문제죠
온라인에서 싸우니깐 남초 커뮤니티와 여초 커뮤니티로 여론이 완전히 나뉘게 되고 거기서 피해 서사가 축적되고 상대방과의 소통 없이 자기들만의 공유하는 논리와 억압

분노조장 시대유감

에 대한 분개 그런 게 누적이 되니깐 둘이서 그냥 계속 싸우는 거죠.

특히 지금의 20대 남성 같은 경우에 일단은 남녀 간의 어떤 차이라는 게 크게 느껴지지 않았던 세대였고요. 어렸을 때부터 여자들이 공부도 잘하고 반장도 하고, 그런데 90년대생 남자에게 가부장제에 근거한 것들을 계속 요구했다는 거죠.

거기서 남성들이 어떤 피해 의식을 축적해 온 거죠. 왜 우리는 딱히 남자라서 이득을 보는 것도 없는데…. 그런 가부장제에서 요구하는 것들이 꼴 보기 싫다는 거죠. 그런 것들을 왜 해야 하느냐, 사소한 것부터 큰 것까지…. 대표적인 게 군대이고요.

이 지점에서 제1야당 당수가 된 이준석 대표에 대한 생각도 궁금했습니다.

• 이 대표가 당대표 경선에서 남녀 문제를 갈등 양상으로 풀어갔다는 지적도 있었는데, 어떻게 생각하나요?

•• 이 대표가 물고 간 게 아니라 20대 남성들과 20대 여성들

은 젠더 갈등에 대해 논의를 굉장히 하고 싶어 합니다. 그런 상황에서 이 대표를 20대 남성들이 이슈로 소환한 거죠.

• 소환이요?

• • 그렇죠. 20대 남성들은 자신들의 어떤 요구와 열망과 기세, 그런 파도에 올라탈 사람을 갈구하고 있었는데, 이 대표 본인이 얼마나 의지가 있었는지 모르겠지만, 거기에 올라탄 거죠.

• 그렇다면 이런 상황이 남녀 간의 갈등을 푸는 데 도움이 될까요? 아니면 갈등이 양쪽으로 더 치닫게 되는 상황으로 이어질까요?

• • 저는 장기적으로 도움이 될 거라고 보는 게 20대 남성들의 어떤 그런 피해 서사라는 걸 그동안 대변해 준 사람이 없었기 때문에 이렇게 커진 거거든요.
이제는 정치권에서 건전하게 논의가 시작됐고요. 중간에 적절한 방향으로 해소가 됐다면 이렇게 커지지 않았을 텐데 그냥 꾹꾹 눌려 있는 것을 그냥 애써 무시한 거죠. 20

대 남성이라는 집단이 만들어내는 어떤 흐름에 대해 '이준
석에게 선동당한 거야.' 이런 식으로 해석만 하면 그 다음
에는 더 큰 문제가 생길 겁니다.

그렇다면 30대 이준석의 제1야당 대표. 어떤 의미인가요? 우
선 정치적 의미를 듣고 싶었습니다.

• •가장 큰 것은 일단은 산업화 서사를 공유하는 있는 노년
층과 민주화 서사를 공유하는 중년층을 전부 다 거부하고
자신들 얘기를 들어주겠다는 사람을 밀어 올린 거죠

• 이게 세대교체인가요?

• •네 그렇습니다. 두 번째는 수단으로서 '온라인 엔터테인먼
트'가 중요한 역할을 했다고 봅니다. 이준석 대표가 소위
뜨는 과정을 보면요. SNS에서 진중권 전 동양대 교수와
설전이라든가, 토론회에서 신지혜 씨와의 격론, 당 대표
토론회에서 주호영·나경원 전 원내대표와의 토론 등이 중
요한 어떤 결정적인 분기점이 됐는데요.
그것들이 소비되는 방식을 보면 인터넷 방송이라든가 커

뮤니티에서 여론전쟁을 지켜보는 그런 식의 소비 방식이 많았다고 볼 수 있습니다. 유튜브 라이브 방송으로 보고, 그것을 실시간 채팅을 통해 참여하고, 그것을 보지 못한 사람들을 위해 하이라이트 부분을 정리해서 커뮤니티에 올리고 그걸 통해서 여론 지지세가 더 크게 올라가는 그게 바로 전형적인 인터넷 방송의 문법이거든요. 이미 젊은 세대들의 방식이죠. 온라인에서 여론을 결집하고 세를 모으는 것은 그들에게 이미 익숙한 방식이죠. 온라인 엔터테인먼트인데 그걸 정치에다가 가져가 쓴 건데 그 효과가 엄청났던 거죠.

그렇다면 지난 4월의 재보궐 선거와 최근의 국민의힘 대표 경선에서 나타난 현상을 정치 영역에서 MZ세대들의 전면적인 등장으로 해석할 수 있을까요?

• • 첫 번째로는 이준석 대표가 어떻게 하느냐에 따라 달라질 수 있습니다. 두 번째로는 이준석 대표의 성공 실패 여부와 무관하게 어쨌든 큰 흐름을 형성하고 있다는 게 맞는 것 같습니다.

내년 대선도 궁금했습니다. 2022년 3월 '시대정신'은 뭘지 말입니다.

• • 질서 회복, 유연성 확보 이런 것 같은데….
하나 더 있다면, 더 중요한 것은 한국 사회의 의제가 박근혜 정부와 문재인 정부를 거치면서 양대 서사(산업화·민주화 서사)가 좀 많이 흔들렸다고 보거든요
새로운 의제와 서사를 누가 만들어낼 수 있는 지 그게 중요하지 않을까 싶습니다.

마지막으로 기성세대에 대해서도 물어봤습니다.

• MZ세대들이 586세대에 대해 느끼는 감정이라고 할까요?

• • 여전히 젊은 척하는 게 제일 짜증 나게 하는 것 같은데요.
이건 X세대까지도 포함되는 건데 아직도 자기들이 '나 정도면 그래도 세련되고 젊지.'라고 하는 게 그게 좀 열 받아 하는 것 같아요.

• 제가 X세대인데 그래도 젊게 사는 게 좋지 않나요? 젊다고

생각하는데….

• • 40대 진보 대학생이라는 좋은 말이 있습니다.

• 40대 진보 대학생이요?

• • 아직도 나이 40 먹고도 진보 대학생인 것처럼 활동한다는
어떤 '조롱'의 의미인데 좀 뭐랄까? 어른에게 기대하는 책
임 의식이라는 게 있잖아요. 그런 게 부족하다고 젊은 세
대들은 생각하는 것 같아요.

1시간 남짓 이어진 대화 끝에 머리를 한 대 맞은 듯합니다.
그래도 미처 생각하지 못한 부분에 대해 '관점'과 '다름'이 있
었습니다.
한 사람의 의견일 수 있습니다. 어떤 부분에서 지나친 '일반화'
라는 느낌이 들 수도 있습니다. 받아들일지는 전적으로 이 글
을 읽는 분의 몫입니다.
다른 시각에서 이 문제를 들여다보는 분들과의 만남도 이어가
겠습니다

〈KBS뉴스 취재K〉, 2021.6.20.

분노조장 시대유감

세상은 신기하다. 조국 사태 관련 KBS 보도와 관련해, 공개적으로 문제제기를 해서 이른바 '괘씸죄'에 걸려 원치 않는 인사발령이 났다. 이후 팀장급에선 나를 앵커로 쓰고 싶다고 했는데 수뇌부에서 비토^{Veto}를 해서 디지털뉴스팀에 발령이 났다. 그다음에 쓴 글이 어떻게 보면 '내 인생'을 바꾼 것이다.

세상은 묘하지만 원칙을 가지면 살 만하다. '조국 사태' 때문에 대통령과 만나게 된 것인 만큼, 조국 전 장관에게 '고맙다'고 해야 할까? 하긴 조국 전 장관과 추미애 전 민주당 대표에게 고마워하는 중도 보수분들은 많다.

요즘 조국 전 장관이 다시 몸을 풀고 있다. 지극히 사적인 명예회복을 말하면서다. 이름처럼 '조국^{祖國}'을 위한 길은 없다. 그저 감사^{感謝}할 뿐이다.

II

당신은
윤석열 대통령을 알고 있나?
윤석열의 '찐모습'

대통령 후보
1호차의
'정치적 의미'

윤석열 전 검찰총장의 6·29 정치참여 선언 이후 나는 대통령 후보의 이른바 1호차에 동승했다. 1호차는 단순한 '이동 수단'이 아니다. 그 안에서 많은 일이 논의되고 결정된다. 중요한 전화 통화도 많이 이뤄지고, 누가 어떤 일을 하고, 캠프 운영 상황 등도 상시 체크된다. 기자를 했던 내가 들었을 때 '특종'거리가 차 안에서 만들어지고, 오고 갔다. 지역 일정이 많아지면서 함께 있는 시간도 늘었다.

몰랐을 때야 당연히 말할 게 없지만, 알고 있는 상태에서 말하지 않는 것도 참 쉽지 않다. 기자들 입장에선 늘 윤 전 총장과 함께 있는 내가 좋은 취재 대상이었다. 기자 시절엔 알지 못했던 것을 알게 됐다. "아, 정말 몰라서 대답을 못하는 줄 알았는데, 알면서 대답 안 하는 것이 많구나." 때론 '바보'가 되는 경우가 속 편했다. 나의 말, 행동 하나가 일정에 나쁜 영향을 주거나 캠프 전략의 노출로 이어질 수 있는 만큼 무엇보다 언행言行에 조심했다.

1호차 안은 '일정'을 앞두고 항상 분주했다. 일정(행사)과 관련된 자료를 뽑아 이동하는 동안 후보가 이를 읽고 준비를 해야 한다. 관련 질문이 나에게로 쏟아질 수도 있는 만큼, 일정이 생기면 관련된 공부를 해야 했다. 어떤 사안에 대한 의견도 후보에게 제시하고, 일정 이후 관련 기사가 어떤 방향으로 나오는지 체크하면서 후보의 메시지와 일정 등을 조율하기도 했다.

그렇게 중요한 공간에 윤 전 총장은 일면식도 없는 '잘 모르는 나'를 태웠다. 그리고 단 한 번도 중요한 전화 통화를 하니 잠시 내리라고 한 적이 없다. 믿고 태웠으니 전적으로 믿었다고 본다. 이후 수행실장으로 합류한 이용 의원 역시 대통령과 아는 사이가 아니었다.

분노조장 시대유감

"믿고 쓴다."
능력 위주의 기용,
일단 맡기면 위임^{委任}

윤석열 대통령에 대한 대중의 오해^{誤解}가 있다. 자기가 아는 사람 위주로 인사를 한다는 것이다. 그렇지 않다. 가까운 사례로 1호차에 태운 사람들, 나를 비롯해 수행실장도 대통령과 전혀 모르는 사이였다고 앞서 언급했다.

지금 대통령을 지근거리에서 보좌하는 김대기 대통령 비서실장은 어떤가?

김 실장은 노무현 정부 청와대에서 대통령 경제정책비서관으로 근무했다. 이명박 정부에서는 통계청장과 문화체육관광부 2차관을 역임했다. 2011년부터는 대통령실 경제수석비서관으로 일하면서 탁월한 업무 능력으로 이명박 전 대통령에게 높은 평가를 받아 정책실장까지 겸임한 엘리트 경제 관료다. 윤 대통령과는 원래 아는 사이도 아니다.

그렇다면 국정의 '제2인자'라 불리는 한덕수 국무총리는?

한 총리는 김대중 정부에서 초대 통상교섭본부장으로 일했다. 노무현 정부에서는 한미 자유무역협정(FTA)협상이 진행될 때 부총리 겸 재정경제부 장관으로서 관여했다. 이후 한미 FTA 체결지원위원장 겸 한미 FTA 특보를 맡아 협상을 성공적으로 이끌어냈다는 평가를 받았다. 이명박 정부에서는 주미대사로 3년 동안 일하며 지금의 조 바이든 미국 대통령, 당시에는 미국 부통령과도 깊은 친분을 쌓은 것으로 알려졌다. 윤 대통령은 역시 주변에서 추천을 받아 한 총리를 등용한 것으로 안다.

국무총리, 대통령비서실장과 함께 '빅3'로 불리는 김규현 국정원장은?

김 원장은 외무고시 14기로 외교부에 입직해 북미1과장과 주미 참사관 등을 지냈다. 북미 외교안보통으로 전문성과 국제 감각을 갖춘 인사로 국정원을 해외 정보 업무에 정통한 첩보 조직으로 재편할 적임자로 평가받아 국정원장이 됐다.

이렇듯 대통령은 중요한 자리를 자신과 사적 인연이 있는 사람들로 채우지 않는다.

필요한 자리에 능력이 있는 적합한 분을 모시고 일단 그분이 오시면 모든 것을 맡기는 '위임'의 리더십을 보인다. 물론 일을 잘해야 하는 건 당연지사다.

"호남이 잘살아야
영남이 잘살고
대한민국이 잘산다."

선거 당시 지방 유세를 떠나면 전국 어디를 가든지 대통령 자신의 스토리가 이어졌다. 한마디로 '전국구'였다. 광주를 가고, 부산을 가고, 대구, 대전 등 지역 어디를 가도 어디에 무슨 건물이 있고 여기서 누굴 만났고, 무엇을 먹었고, 어떤 얘기를 했고, 그때 당시 사람들은 누구누구가 있었고, 아쉽게도 지금은 어떤 건물을 없어졌고…. 1호차 창문 밖 풍경이 바뀔 때마다 대통령의 인생 스토리도 달라졌다.

기억력에, 그것도 세세하게 기억하는 힘에 놀랐다. 결국 그 이유는 사람 때문이었다. 장소는 바뀌어도 늘 한결같은 게 있었다.

분노조장 시대유감

'사람에 대한 기억''그 시절을 같이 했던 사람에 대한 그리움과 고마움', 그 당시의 추억이 대통령의 말에서 묻어났다. 검사로서 지역 순환 근무를 했다는 게 대통령이 되는 데 큰 역할을 했다. 현장에서 살아보고, 그 지역 주민들과 소통하고 함께 한 경험과 시간이, 누가 써 준 지역 공약이 아닌, 지역에 대한 애정이 물씬 들어간, 삶이 녹아든 공약, 이런 것들이 정책으로 만들어졌다. 내가 살아 본 지역에 대한 관심과 애정은 남다를 수밖에 없다.

2021년 7월 17일 제헌절. 두 번째 지역 일정으로 광주를 찾았다. 사람들의 반응은 대단했다. 광주 도심 어디를 가나 반갑게 맞이해 줬다. 점심은 광주 인근의 담양 명소 '국수 거리'를 갔다. 거리는 국수를 먹으려는 사람들로 붐볐다. 발걸음을 옮길 때마다 반가운 인사와 함께 사진을 찍자는 요청이 쇄도했고, 휴대전화를 건네받아 촬영하는 분주함은 내 몫이었다. 사람들은 표정은 날씨만큼이나 밝았다. 환했다.

반려견을 데리고 온 사람들도 제법 있었다. 신기하게도 윤석열 후보가 강아지들을 품에 안을 때마다 강아지들이 너무 좋아하고 편안해했다.

"후보님, 어떻게 강아지들이 후보님을 이렇게 좋아하죠? 신기하네요."
"어, 내 몸에서 강아지 냄새가 나서 그렇겠지, 우리 집에 많잖아."

이 말이 아직도 머릿속에서 생생하다. 누구는 표를 얻기 위해 반려 가족인 척, 동물을 사랑하는 척 쇼를 하는데, 후보는 진심이었다. 정치는 표를 얻기 위한 게 아니라 마음을 얻는 것이라는 말이 있다. 사람의 마음을 얻는 건, 쇼가 아니라 그 사람의 진심이고, 삶의 이력, 흔적, 나이테이다.

점심은 대통령이 2003년부터 2년 동안 광주지방검찰청 검사로 재직했을 때 일했던 분들과 함께 했다. 모두들 그 시절을 그리워하며 너무나 격의 없이 이야기하는 모습이 좋아 보였다. 윤석열 후보가 당시 임기를 마치고 떠나기 전날, 그날 저녁을 회상하는 대목에선 광주와 호남에 대한 진한 애정, 사랑을 느낄 수 있었다. 1년 동안 로펌에서의 변호사 생활 이후 다시 검사가 된 그에게 광주는 '초임지' 같은 느낌이었다고 한다. 정이 많은 대통령은 주변 사람들을 많이 챙겼다고 한다. 그런데 갑자기 의정부지방검찰청 고양지청 검사로 발령 나자 많은 분이 서운해하고 그 자리에서 흐느꼈다고 한다.

대통령이 되기 위한 긴 여정을 앞두고, 표를 얻기 위해 광주를 찾아간 게 아니라 힘을 얻기 위해 '제2의 고향'을 찾아간 일정인 듯했다.

윤석열 대통령은 검사의 길을 걷다 2002년 법무법인 태평양에 들어가 변호사 생활을 시작했다. 하지만 1년 뒤 다시 검사로 돌아갔다. 그리고 첫 발령지가 광주였다. 검사로서 하고 싶은 일이 얼마나 많았을까?

분노조장 시대유감

윤석열 후보는 당시 상황에 대해 "대검 중수부 산하 공적자금 비리합동단속반 일로 검찰에 출입하는데, 엘리베이터를 타고 오르는 익숙한 짜장면 냄새가 무척 그립게 느껴져 눈물이 핑 돌았다."면서 "검찰이 그리웠다."고 했다.

정치참여 선언 이후 7월 17일 제헌절에 찾은 광주. 수령 300~400년에 달하는 관방제림의 푸르름은 그날따라 더했다. 좋은 일이 많이 생길 것 같은 기분이 들었다.

후보의 표정이 너무 좋았고, 편했고, 행복해 보였다.

대통령은 후보 시절 "호남이 잘살아야 영남이 잘살고 대한민국이 잘산다."는 국민통합 메시지를 유세마다 강조하면서, 호남 지역에 대한 애정을 드러냈다. 진심이다.

윤석열은 변하지 않는다!?
"승부사 기질,
국민이 요구하면 변화"

윤석열 대통령에 대해 얘기하면 사람들은 대통령이 고집이 세서 잘 변하지 않는다고 한다. '원칙과 뚝심'이라는 말을 나쁘게 보면 고집, 불통으로 비춰지기도 한다. 정치라는 것은 '실체적 권력'도 중요하지만 그게 사람들에게 어떻게 보이느냐, 어떻게 느껴지느냐에 따라 그게 권력이라고 말하는 이들도 있다. 해석의 영역이 더 중요하다는 말이다. 수용자 관점에서 국민이 어떻게 느끼느냐가 중요하다. 윤석열 대통령도 말했다. "국민이 무조건 옳다."고 말이다.

한일 관계 복원, 이를 통한 한미일 정상회의 개최 및 한미 동맹 강화, 규제 완화·감세 등을 통한 기업 활력 제고, 탈원전 정책 수정, 노동·교육 개혁 추진, 건전재정 기조 유지, 약자 복지 강화, 대한민국 1호 영업사원으로서의 순방 외교 등 윤 대통령의 국정 운영 방향에 공감하는 국민들이 많다. 다만 그 방식과 태도에 대해 문제점을 제기하는 분들이 있다.

하지만 강서구청장 보궐선거 패배 이후 대통령 스스로 변화하는 분위기다. 국민의 눈높이에서 국민이 공감할 수 있도록 소통의 방식과 태도에 변화를 주고 있다.

10월 31일 국회에서 진행된 대통령의 내년도 정부 예산안 시정연설이 변화의 시작이었다.

윤석열 대통령은 연단에 올라 먼저 여당 대표보다 야당 대표를 언급하는 등 국회의 '초당적 협력'을 요청했다. 특히 연설 이전과 이후 야당 의원들에게 먼저 다가가 허리를 숙여 악수를 건네고 인사를 하는 모습은 무척 인상적이었다. 앞만 보고 일부러 악수를 거부하거나 앉아서 성의 없이 손을 건네는 야당 의원들의 모습과 비교되면서 대통령의 낮은 행보는 부각됐다. 또한 여야 원내대표 및 국회 상임위원장단과 처음으로 간담회, 오찬을 함께하며 대통령은 항상 경청했다. 쓴소리도 들었지만 "취임 이후로 가장 편안하고 기쁜 날이 아닐까 생각한다."라며 끝까지 국회를 존중하는 모습을 보였다.

윤 대통령은 이후 소상공인·택시기사·청년·주부 등 국민 60여 명과 직접 만나 민생 현장의 목소리를 경청했다. 청와대 영빈관이나 용산이 아니라 현장에서 비상경제민생회의를 열었다. 대통령과 참석자들의 거리도 가까웠다. 바로 옆이었다. 윤 대통령은 "모든 것은 제 책임"이라며 "제가 잘하겠다."고 다시 한 번 몸을 낮췄다.

지금의 상황은 2년 전 이맘때와 비슷하다. 자못 '기시감旣視感'이 든다.

2023년 11월 현재 이준석 국민의힘 전 대표는 신당 창당을 추진하려고 한다. 언론에 그런 메시지는 충분히 전달이 됐다. 과연 할 수 있을지는 모르겠지만, 아무튼 언론은 그렇게 보고 관심을 주고 있다. 이번 총선은 결국 대한민국이 미래로 나가느냐 아니면 현상 유지, 아니 과거로 퇴행하느냐의 싸움이다. 매번 선거가 중요하다고 하지만 이번 총선이야말로 대한민국 역사에서 분기점이 될 것이다. 그런데 보수진영은 선거를 앞두고 통합이 아니라 적전 분열 양상으로 기울고 있다.

2021년 11월 3일 윤석열 후보는 국민의힘 대선 후보로 당선됐다. 하지만 당시 이준석 당 대표와의 관계가 썩 좋지 않았다. 대선 후보와 당 대표 사이에 무슨 일이 있었는지는 여기서 다루지 않겠다. 국민들이 충분히 인식하고 계실 거다. 그해 11월 말부터 이준석 대표는 당무를 거부하며 모든 공식일정을 취소한 채 부산·순천·여수·제주·울산 등지로 잠행했다. 이 대표는 12월 3일 울산에서 윤석열 후보를 만났다. 당일 오후 윤 후보가 이준

분노조장 시대유감

석 대표를 만나러 일정을 바꿔 울산으로 향했다. 현장엔 김기현 원내대표와 박성민 의원 등이 있었고 윤 후보와 이 대표는 뜨거운 포옹을 했다. 대선을 불과 90여 일 앞둔 극적 합의였다. 공동합의문도 발표됐다. 현장에서 이 모든 것을 지켜보고 양측의 합의 내용을 정리해, 현장에서 발표한 당사자로서 이 모든 것이 감사할 뿐이었다.

"대선에 관한 중요 사항에 대해 후보자와 당 대표, 원내대표가 긴밀히 모든 사항을 공유하며 직접 소통을 강화하기로 했다."

"후보자가 선거에 있어 필요한 사무에 관해 당 대표에게 요청하고, 당 대표는 후보자 의사를 존중해 따른다."

하지만 화합의 분위기는 채 한 달도 지속되지 못했다. 선대위 공보단장이 당 대표를 조롱하는 유튜브 영상 링크를 언론인들에게 보낸 사실이 알려져 이 대표가 상임선대위원장직을 사퇴했다. '내홍 집안싸움'에 당시 윤석열 후보의 지지율은 줄곧 하락세를 보였다. 중도·보수층 입장에선 안정감과 예측 가능성을 중요시하는 만큼 그런 당의 그런 후보를 지지하려 하지 않았다. 아무리 문재인 정부의 폭정에 정권교체를 원하는 국민이 다수라고해도, 적 앞에서 분열하면 끝이었다. 절실함이 못 느껴진다면 '오만하다'고 국민은 생각한다. 그러면 선거는 해 보나 마나이다.

그만큼 당시 국민의힘은 총체적 난국이었다.

대선을 불과 2달 앞두고 선대위가 해체됐고 당내에서 공개적

으로 2가지 목소리가 터져 나왔다. '후보 교체'와 '당 대표 퇴진'
말이다. 윤석열 후보가 국민의힘 당사에서 가진 청년보좌역과의
만남에서 "후보 교체를 원한다."는 발언이 윤 후보 면전에서 있었
다. 윤 후보의 표정에는 변함이 없었다. 당사 밖에선 "이준석 대
표는 물러가라."는 집회 참가자들의 목소리가 점점 커졌다.

　다음 날 오전 윤 후보와 이 대표가 선거대책본부 인선을 두고
충돌했다. 비공개 회의에서 오가는 내용을 들었다. 눈물이 저절
로 쏟아졌다. 이길 수 있는데 왜 이렇게 되지? 답답했다. 나도 모
르게 욕이 터져 나왔다. 아마 주변에서 놀랐을 거다. 그날 점심은
걸렀다. 입맛도 없었다. 오만가지 생각이 들었다. 이러려고 내가
19년 다니던 KBS를 관뒀나?

　오후 국민의힘 원내지도부는 의원총회에서 '이준석 사퇴 촉구
결의안'을 제안하며 압박 수위를 높였다. 하지만 이 대표는 "여
전히 거취 변화는 없다."는 입장만을 고수했다. 토론을 제의했다.
싸우겠다는 말로 들렸다.

　그런데 토론에 임하는 이준석 대표의 발언 뉘앙스가 좀 달라
졌다.

"만약 오늘 의원총회에서 의원들이 의견을 모아서 이준석의
복귀를 명령하신다면 저는 지정해 주신 어떤 직위에도 복귀하겠
다. 하지만 그 방식으론 대선 승리를 위해 확보해야 하는 젊은 층
지지는 절대 같이 가져가지 못한다."

　　　　　　　　　　　　분노조장 시대유감

이 후보의 발언이 뉴스를 통해 전해졌을 때 당사 복도로 윤 후보가 나왔다. 국회로 가자는 뜻이었다. '손을 내밀었을 때 손을 잡아줘야 한다'는 생각이 윤 후보에게 있었던 것 같다. 우리가 국민을 위해 양보해야 했다. 윤 후보는 국회를 찾아 이 후보를 다시 한 번 끌어안았다.

"모든 게 다 후보인 제 탓이다. 저와 대표와 여러분 모두 힘 합쳐서 3월 대선을 승리로 이끌자."

'이준석 사퇴'를 촉구하려던 국민의힘 의원들은 모두 윤 후보의 발언에 박수로 화답했다. 의총이 끝난 뒤 이 대표는 윤 후보에게 화재사고로 순직한 3명의 소방관 빈소가 마련된 평택의 병원을 찾자고 제안했고, 두 사람은 이 대표의 차량을 타고 평택으로 향했다. 그날 이 대표에게 난 말했다. 감사하다고, 꼭 승리하자고, 누구의 잘못을 떠나 승리가 절실한 만큼, 무조건 감사했다. 그리고 악수를 하며 손을 꼭 쥐었다. 그 진심이 전해졌을 거라 믿는다.

인간은 망각忘却의 동물이라고 했던가?
2021년 11월에서 2022년 1월, 당시 윤석열 후보와 이준석 대표의 두 번의 갈등과 극적 봉합은 대선 승리라는 결과를 가져왔다. 하지만 그 기간 우리가 얼마나 애타고 힘들었는지 생각해 보면, 그리고 어떻게 문제가 풀렸는지를 되돌아보면 지금의 난제를 푸는 게 불가능한 건 아니다. 대선 3라운드, 대한민국 미래를 결정하는 총선 앞에서 지금 벌어지는 악재들이 통합과 혁신을 통해 어떻게 변해 가는지, 과연 국민을 위해 대한민국의 미래를 위해 누가 더 희생하고 헌신할지가 기대된다.

국민 앞에 모두 겸손해야 한다. 혁신과 쇄신이라는 거창한 말에 헌신과 희생이라는 말이 없다면 그건 공허할 뿐 아니라 사기다. 그리고 헌신과 희생이 내 안에서가 아니라 밖으로만 향하면 '변화'는 불가능하며 '국민 공감'도 요원하다.

정치는 생물生物이다. 그리고 가능성의 영역이다. 불확실한 가운데 길을 내는 것이 바로 '정치'다.

앵글 밖 대통령의 찐모습,
'정치인' 같지 않은 윤석열

윤석열이라는 사람은 달랐다. 방송기자를 19년 했고, 게다가 정치부 출입도 나름 했다는 내가 볼 때 윤 후보는 이른바 '있어 보이려'고 하지 않았다. 사람들, 특히 카메라 앞에서 '착한 척, 봉사하는 척, 국민을 위하는 척'하는 정치인들이 꽤 많다. 정치인은 기자들과의 긴장감이 떨어지면 '본심本心'을 드러낼 때가 많다. 가진 분들을 욕하면서 '사람들의 분노'를 자양분 삼아 본인의 직위를 유지하는, 자신의 자리를 공고히 하는 분들을 보면 누구보다 자신과 자신의 가족, 자신의 측근들의 '욕망이 최정점'으로 치닫는다. 혹자는 '이미지 정치'라는 말이 있듯, 반드시 그런 것을 나쁘게만 볼 건 아니라고 주장한다. 맞다. 문재인 정부에서 충분히 느꼈다. 신물이 난다. 사람의 성품이 원래 그래야 맞지, 의식적인 행동은 시간이 지나면 사람들이 다 알게 된다. 문재인 정부에서의 가식假飾과 위선僞善, 이념理念과 이미지 정치로 얼마나 많은 사람들의 삶이 힘들어지고, 배신감과 허탈감을 느끼게 됐나?

주변에서 윤 후보의 헤어스타일과 옷 입는 방식 등에 대해 조언을 많이 했다. 나도 후보에게 말씀드렸다. 하지만 후보는 이 부분에 대해 별로 신경 쓰고 싶지 않아했다. 그리고 어색해했다. 지금 생각해 보면 후보는 아예 관심조차 두지 않았던 것 같다. 아직 정치인으로서의 때가 덜 타서 그럴 수 있다고도 생각했지만, 나도 그게 맞다고 생각했다. 동의했다. 국민들이 원하는 건 머리를 염색하고 댄디하게 옷을 입는 게 아니다. 무도한 문재인 정부와 싸워 이기라는 게 국민의 '준엄峻嚴한 명령命令'이었다. 이념에 빠진 대한민국을 구해 달라, 궤도를 이탈한 대한민국을 정상화시켜 제자리에 갖다 놓아 달라는 절실함, 절박함이었다. 후보로서 가진 단단한 리더십과 싸워 이기는 리더십, 뚝심과 원칙의 사나이에게 헤어스타일과 옷 입는 방식은 그렇게 중요한 포인트는 아니었다. 본바탕, 본질, 핵심이 중요했다. 윤 후보가 가진 콘텐츠가 중요했다. 헤어스타일과 옷차림은 본인이 좋아하고, 자연스러워 보이는 게 좋았다. 물론 경선 과정 중 방송TV토론에 임하면서 후보의 헤어스타일과 옷 입는 방식이 바뀌었다. 이른바 '깻잎 머리'에서 확 달라졌다. 바뀌어야 할 때는 또 바뀐다. 상황에 맞게, 맥락에 맞게 말이다.

분노조장 시대유감

좌천당해
대구로 쫓겨나서
윤석열이 찾은 곳은?

대한민국 국민에게, 대중에게 '윤석열' 이름 석 자가 각인된 건 2013년 10월 21일 국정감사장.

"저는 사람에 충성하지 않습니다."

"수사 초기부터 법무·검찰 수뇌부의 외압이 있었고 체포영장 청구 등은 적법 절차에 따른 것이다."

"상관의 위법한 지시를 따를 수 없었다."

이 공개 발언 이후 여주지청장이던 윤석열 대통령은 정직 1개월의 징계를 받고 한직閑職인 고검검사로 좌천되었다.

당시 국정원 댓글 사건 수사팀장이던 윤석열 대통령은 직속 상관이던 조영곤 서울중앙지검장의 재가를 받지 않은 채 국정원 직원들의 체포영장을 청구해 발부받고, 원세훈 전 국정원장에 대한 공소장 변경 신청서를 법원에 접수했다가 수사팀에서 전격 배제되었다.

선거에 영향을 미치는 '국정원 댓글 사건'은 민주주의의 근간을 뒤흔들 수 있는 만큼, 이건 진보·보수의 문제가 아닌 '원칙'과 '상식'의 문제였다. 그해 2013년 2월 박근혜 정부가 출범했다. 국정감사가 열린 그해 가을엔 박근혜 정부에 대한 국민의 지지율도 높았고, 정부의 힘도 대단했다. 적당히 수사를 한다면 윤석열 검사의 앞길이 훤히 열릴 수 있었다. 하지만 윤석열 대통령은 굳이 '좁은 문'을 택했다.

윤 대통령은 이듬해인 2014년 자신이 검사가 된 뒤 초임지였던 대구지검 고검검사로 좌천됐다. 그런데 윤 대통령이 바로 찾아간 곳이 의외였다. 1994년부터 2년 동안 대구검사로 있을 때 자신이 묵었던 하숙집이었다. 하숙집 주인 부부 어르신들을 2021년 가을 대구 유세 때 현장에서 직접 뵐 수 있었다. 윤 대통령은 "요새도 탁구 좀 치십니까?"라고 인사를 건네면서 포옹을 했다. 그리고 현장에서 큰 목소리로 사람들에게 외쳤다.

"여기 (제가) 초임 검사 때 제가 신세를 졌던 하숙집 아주머니

분노조장 시대유감

도 지금 와 계시는데요."

초임지 대구, 그리고 힘들었을 때 자신을 포근하게 맞아준 대구에서 대통령의 표정은 상기됐다. 하숙집 주인 부부에게서 2014년 당시 상황을 직접 들었다.

"서울에서 좌천되어서 (대구에 다시) 왔는데, 우리 집에 찾아와서 대접하는데 우리는 좌천된 걸 몰랐어요."
"대구에 내려와서 반갑다고 하는데 (좌천 사실을) 나중에야 알았죠."

그렇다면 초임 당시 윤석열 대통령은 어떤 사람이었을까?
2022년 한 언론에 소개된 기사에 하숙집 주인 부부 어르신들의 생생한 목소리가 담겨 있다.

윤석열 하숙집 주인 부부 "넙죽 큰절한 尹…
법과 원칙으로 역사에 남는 대통령 되길"

1994년 3월 14일~1996년 3월 1일. 윤석열 국민의힘 대선 후보가 초임 검사로 대구지검에 근무한 기간이다.

당시 윤 후보의 대구 하숙집 주인 아주머니 박정자(81) 씨와 남편 권병직(81) 씨의 가계부에는 '윤 검사'가 머물렀던 기간의 기록이 정확히 적혀 있었다. 박 씨는 윤 후보를 처음 본 순간을 마치 어제 일처럼 기억했다.

"복덕방에 가서 우리 방 한 칸 있으니까 아파트 문간방이고 해서 자는 사람 한 사람만 구해 주세요, 부탁해놨어. 그런데 한 며칠 있다가 이래 막 덩치 큰 사람을 데리고 왔는기라. 검사라고 그러대."

윤 후보를 처음이자 마지막 하숙생으로 받은 이후 여전히 그곳에 사는 박 씨 부부를 지난 27일 찾아갔다. 그들에게 당시 33세 윤 검사에 대한 기억과 대통령에 당선된다면 바라는 것을 물었다.

박 씨는 "윤 검사를 우리가 2년 동안 겪었는데 지금 보태는 것도 빼는 것도 없이 인간으로서 가진 덕목은 거진 다 갖춘 사람이었다."며 "성격, 인성이 좋고 그리고 예의도 바른 거야, 사람이. 부모 교육을 굉장히 잘 받았더라고. 인정도 있고 의리도 있고 하여튼 젊은 사람이 그렇게 원만하더라 카이."라고 회상했다.

윤 후보는 출근길에 '다녀오겠습니다.'라는 인사를 빠트린 적

분노조장 시대유감

이 없다. 당시 초등학교 교사였던 권 씨의 외벌이로 살림살이가 넉넉하지는 못했는데, 윤 후보는 1년에 한 번씩 고급 중식당과 한정식집에 박 씨 부부를 데려가 식사를 대접했다고 한다.

박 씨는 "하숙생이 그런 사람이 어디 있노. 우리는 돈 다 받았는데."라며 "윤 검사가 퇴근하면서 전화로 나오라는데 우리 생전 처음으로 이 빙빙 식탁 돌리는 데를 갔지. 생각해 보니까 우리를 부모로 생각한 거지. 하숙집 아줌마가 아니고."라고 했다.

윤 후보가 1996년 강릉지청에 발령받고 하숙집을 떠나던 순간도 기억이 생생하다. 박 씨는 "나가는 날에 책하고 뭐 이래 차에 싣고는 우리 내외가 너무 섭섭해가지고 이래 막 내다보는데 윤 검사가 선생님 잠깐만 앉으세요, 이러는 거야. 왜 앉아 있게 하노, 하는데 갑자기 큰절을 넙죽하는 거야."라며 "그러면서 우리한테 잡비까지 내놓고 가더라고. '그동안 너무 고마웠습니다. 감사했습니다.'라고 하면서. 그런 하숙생이 어디 있나 감동하지. 우리끼리 진짜 희한한 사람이라고 그랬어."라고 했다.

윤석열 국민의힘 대선 후보가 생활했던 하숙방. 지금은 사실상 창고로 사용되고 있다. 박정자 씨는 "윤검사한테 살림살이라곤 별로 없었다. 바닥엔 이불, 벽엔 정장 한 벌이랑 와이셔츠 정도만 걸려 있었는데 트랜지스터 라디오 하나 갖다놨던 게 기억이 난다."고 말했다.

박 씨는 윤 후보의 인성이 모친 최정자 씨를 빼닮은 것이라고
했다.

그는 "하숙비를 아들한테 보내면 될 건데 서울에서 직접 일부
러 와가지고 고맙다 카더라고."라며 "한 번은 '사모님 나도 내
아이지만 욕실을 온 천지 물 천지를 만들어서 짜증날 때 많은
데 사모님이 아무 군소리 없이 우리 윤 검사를 잘 돌봐주셔서
감사하다'고 하더라니까."라고 웃었다. 윤 후보가 하숙집을 떠
나기 직전 대구를 마지막으로 방문한 최 씨는 감사의 의미로
박 씨에게 금노리개를 선물하기까지 했다.

같은 아들을 둔 어머니끼리 자식관에 대해 이야기를 나눈 적도
있다.

박 씨는 "어머니가 윤 검사한테 누구한테든지 절대로 짜장면
한 그릇도 공짜로 얻어먹지 말라 캤다는 거라. 검사 처음 월급
얼마 안 되잖아. 그런데도 돈이 모자라면 집에 돈을 갖다 쓰더
라도 절대 남한테 폐 끼치지 말고 훌륭한 검사가 돼야 한다고
가르쳤다고 그러대"라며 "나중에 윤 검사가 2년 동안 집에서
돈 1천만 원 가까이 갖다 썼다고 하더라니까. 얼마나 밥을 많
이 사줬겠노. 우리한테도 대접한 거 보면."이라고 전했다.

윤석열 후보가 대통령이 되면 바라는 것을 물었다.

그들은 "우리야 이제 얼마 살면 죽지만은 우리 자식들이 잘 살아야지. 대한민국이 비록 작지만은 선진국 대열에 섰잖아. 참으로 자식들 잘 키우려고 부모들 희생하면서 자식들 공부를 그리 시키는 나라가 어디 있냐"며 "정치만 좀 잘하면 된다. 윤 검사가 법과 원칙대로 잘 해가지고 역사에 남는 대통령이 됐으면 한다."고 했다.

<매일신문> 2022.2.28. 김병훈 기자

대통령은 먹는 것에 진심?
아니 사람에 진심!

"저는 사람에 충성하지 않습니다."

"검수완박(검찰 수사권 완전 박탈)은 부패완판(부패가 완전 판친다)."

말의 힘은 대단하다. 그 사람의 삶의 이력에서 묻어나면 그 힘은 강해진다. 시대정신을 담을 수 있는 쉽게 깨지지 않은 질그릇에 삶의 무게까지 더해지면 세상을 바꿀 수 있다. 오늘의 대통령을 만든 말이다.

그런데 난 이 말도 좋다.

"불고기는 미리 재어 놓아야 맛있다."

정치인은 카메라를 사랑한다. 카메라를 통해 보여주는 이미지에 집중한다. 그래서 카메라 앞에서 열심이다. 그런데 윤석열 대통령은 그렇지 않다. 밥 한 끼를 먹으면서 자신과 대화를 하기 위해 찾아온 손님을 위해, 카메라가 플레이되지 않은 상황에서도 음식을 준비한다. 불고기는 미리 재놔야 맛있다고 한다면서. 양파를 까고 양념을 만들고 고기를 재는 과정을 묵묵히 한다. 당연히 카메라에 담기지 않았다. 상관없다고 한다. 스케줄에 바빠도 밥부터 먹게 하고 묻는다. 방송 분량이 다 채워져도 아무리 바빠도 상대방의 얘기를 끝까지 듣는다. 정치인이 아닌 것 같다. 쇼도 하지 못한다. 그래서 주변 사람들이 답답하다. 그런데 말이다. 진심은 결국 통한다.

선거 과정에서 국민의 목소리를 경청하기 위해 〈석열이형 TV〉와 〈석열이형네 밥집〉 유튜브 채널을 운영했다. 박보경 아나운서가 많은 도움을 줬는데 박 아나운서에게 몇 가지를 물어봤다.

• 대통령 첫 느낌 어떠셨는지?

• • 경선 때 처음 뵀는데 제가 만나야 할 시간보다 1시간이 늦

었거든요. 인사를 드리면서 안절부절못했는데 바로 인상을 써야 하는데도 그냥 나이스하게 넘어가 주시고… 뭔가 발표를 앞둔 시기였는데 본인이 말씀하실 내용을 준비해 오셨는데 늘 어떤 연설, 발표문이든 초안을 본인이 직접 써 오시더라고요.

• 〈석열이형네 밥집〉도 진행을 하셨는데 에피소드라고 할까요?

• • 방송 분량을 맞추기 위해선 카메라가 플레이된 상태에서 양파도 썰고 고기도 재야 하는데 카메라가 온에어 되기 전부터 막 음식 준비를 하는 거예요. 그래서 제가 촬영 시작할 때 하시라고 하니깐 불고기는 미리 재놔야 맛있다고 하면서 준비를 하시더라고요. 카메라 앞에서 플레이될 때만 뭔가를 하는 건 손님에 대한 매너가 아니라고 생각하신 것 같아요. 그냥 겉보기에는 똑같은 불고기지만 몇 시간 전에 재어놓은 게 진짜 맛있게 대접을 할 수 있으니깐 카메라가 플레이되지 않아도 그렇게 하는 거잖아요. 카메라 앵글 밖의 진심이, 오시는 분들에 대한 진심이, 그게 통했기 때문에 그런 마음이 느껴져서 프로그램이 잘 된 거라고 저는 생각해요.

분노조장 시대유감

- 대통령은 정말 쇼하지 않아요. 대부분 정치인은 카메라 앞에 서만 열심인데….

- • 또 스케줄 때문에 제가 빨리 끝내야 한다고 여러 번 신호를 줘도 대통령은 너무너무 열심히 손님들의 얘기를 들어주는 거예요. 모르는 사람들은 왜 옆에 있으면서 그거 못 자르냐고 하는데 못 잘라요. 그 사람에 대해 진심이고 그 사람에 대해 온전하게 대하는 거죠. 온전한 시간을 갖는 거죠.

- 대통령은 뭐뭐 하는 척하지 않고 쇼하지 않고 그래서 진심이라는 게 다른 사람들에게 전해질 때 시간이 좀 걸리는 경우가 많잖아요.

- • 본 사람과 보지 않는 사람들 사이에 차이가 있는 거고 그게 미디어를 통해서 전해지기가 힘든 거죠. 쇼하지 않으시니깐 그런 부분에서 저는 오히려 우려스럽죠. 정치라는 게 한 줄로 쓰이고 한 장면으로 보여주는 건데, 좀 보여주는 면에 대해 신경도 써주시고요.

〈석열이형네 밥집〉에 출연했던 분의 전언이다.

"촬영 당시 아나운서분께서 진행하셔야 하니까 저한테 계속 질문을 하셨는데 당시에는 후보였죠, 대통령님이. 식사하실 시간을 좀 주자, 좀 기다려 드리자, 이런 식으로 계속 얘기를 하시더라고요. 그걸 보고 아, 인간미가 있으시다. 일정이 급하니까 빨리 해치우고 가자 약간 이런 식일 수도 있는데 그래도 이렇게 밥 먹는 저를 좀 배려를 해주시는 걸 보고 인간미가 있으시다는 걸 처음부터 알게 됐죠."

〈석열이형네 밥집〉을 하면서 대통령은 많은 분의 이야기를 경청했다. 본인의 이야기를 하기보단 따뜻한 음식을 만들면서 그들이 맛있게 먹는 모습을 보면서 행복해 했다.

대통령은 물론 윤석열 대통령을 만들기 위해 많은 노력을 했던 분들, 대통령을 지지했거나 지지하지 않았던 국민들 모두, 대선 승리 이튿날 한 언론에 소개된 기사를 봤으면 한다. 처음의 마음가짐을, 초심을 생각해 본다.

尹 "벅찬 날"은 9일 아니었다…
'대통령의 길' 보여준 그림 한 장

분노조장 시대유감

윤석열 국민의힘 대선후보가 지난달 7일 서울 여의도 당사에서 중앙일보와 인터뷰하고 있다. 윤 후보의 왼쪽 어깨 너머로 그림 한 장이 보인다.

지난달 7일 인터뷰를 위해 찾은 서울 여의도 국민의힘 당사 윤석열 대통령 후보 사무실. 윤 후보의 뒤편으로 보이는 책장 중앙에 눈길을 끄는 그림 한 장이 있었다.

버락 오바마 전 미국 대통령, 조 바이든 현 미국 대통령, 반기문 전 유엔 사무총장 등 쟁쟁한 세계적 유명인사들의 책들을 옆으로 밀어내고 한가운데를 차지한 그림은 앞치마를 두르고 있는 윤 후보의 일러스트였다. 대체 무슨 그림이길래 센터에 놓인 건지 그 뒤에 얽힌 이야기가 궁금했지만, 아쉽게도 부족한 인터뷰 시간에 그것까지 물어볼 기회는 없었다.

#그 그림 한 장

우연히 그림의 사연을 확인하게 된 건 얼마 뒤 윤 캠프의 유튜브 콘텐트 〈석열이형네 밥집〉을 통해서였다. 평범한 시민들에게 윤 후보가 직접 요리한 따뜻한 집밥 한 끼를 대접하는 프로그램이었는데, 이날은 다섯 번째 손님인 대학교 1학년생 조성지 양과 어머니 현재호 씨가 손님으로 식당을 찾았다.

메뉴는 참치 샌드위치 세트. 윤 후보는 곧 버터에 구운 빵에 마요네즈를 듬뿍 넣은 참치 샐러드를 넣어 만든 먹음직스러운 샌드위치를 대접했다. 하지만 예쁘다며 연신 인증 샷을 찍던 성지 양은 채 몇 입 베어 물지도 못하고 샌드위치를 내려놨다. 고등학교 1학년 때 걸린 SMA 증후군(십이지장이 혈관에 눌려 음식물이 내려가지 않아 소화 장애를 일으키는 병) 때문이라고 했다. 중학교 1학년 때 아버지 사업이 어려워지고 어머니까지 큰 병을 얻자 성지 양은 어린 나이에 집안일과 간병을 도맡아 했다. 가녀린 몸으로 힘겨운 가족의 삶을 지탱하기 위해 노력하다 얻은 병이었던 셈이다. 그러면서도 성지 양은 "제가 힘들었던 것보다, 가족들이 힘들어하는 걸 보는 게 제일 슬펐던 것 같다."고 말했다.

지금은 어머니의 건강도 좋아지고, 학교에서 창업동아리 활동을 통해 개발한 앱으로 사업자등록까지 내 행복하다는 성지 양. 그리고 가천문화재단에서 주는 효행상도 받게 됐다.

한참을 말없이 사연을 듣던 윤 후보는 "성지 양 앞에 서니 내가 부끄러워진다."고 했다. 그리고 "자유민주주의라는 걸 법적으로만 생각했는데, 다양한 국민을 만나보니 민주주의가 어떤 것인지 알 수 있었다. 단순히 선거의 다수결 같은 게 아니라 국민의 어려운 문제를 해결하기 위해 민주주의가 있는 것이고, 해결하

분노조장 시대유감

는 방법은 책이 아니라 국민이 있는 현장에 있다."고 말했다.

"정치를 할수록 배울 데가 국민이고, 삶의 현장이고, 정말 잘해야겠다는 생각이 든다. 조금이라도 내가 함부로 생각하면 정말 큰일 나겠다는 생각이 많이 든다."면서 또 성지 양을 향해 "제가 더 배울 점이 많은 것 같다. 앞으로 이 나라 걱정 안 해도 되겠다."며 웃었다.

후보실 책장 중앙에 있던 그림은 바로 그날 성지 양이 윤 후보에게 준 선물이었다. 직접 그린 일러스트 속에서 양복에 앞치마 차림의 윤 후보는 환하게 웃고 있었다.

선물을 받아든 윤 후보는 "오늘 참 벅찬 날"이라며 "그림을 우리 당사 후보실 책장에 놓겠다."고 말했다. 그리고 약속을 지킨 것이다.

2달쯤 뒤면 대통령으로서 대한민국을 이끌어야 할 윤석열 당선인이 부디 후보 시절 성지 양에게 선물 받은 이 그림 한 장을 임기 내내 기억해 주길 바란다. 민주주의란 왜 존재하며, 대통령의 스승은 왜 국민이어야 하는지, 어린 성지 양에게서 배운 것은 무엇인지 말이다.

그 작은 밥집에서처럼 시민들에게 소박한 밥 한 끼를 대접하고, 맛본 뒤 손님의 반응을 기다리며 설레하고, 그들의 이야기를 말없이 들어주는 것. 이것만으로도 윤 당선인은 좋은 대통령의 자격을 갖출 수 있다.

〈중앙일보 뉴스원샷〉 2022.03.12. 유지혜 기자

발달장애인 작품,
'작품' 그대로를
온전하게 보다

윤석열 대통령의 정치참여 선언 이전인 2021년 6월 서울 서초동 자택을 처음 방문했을 때 대통령이 10여 분간 친절하게 설명해 준 한 발달장애인 이현우 작가의 작품. 이후 대통령은 용산 대통령실 집무실에 이 작가의 다른 작품, '퍼시 잭슨 수학드로잉'도 걸어놓았다. 한미 정상회담 이후 윤석열 대통령이 바이든 미국 대통령에게 이 그림을 보여주면서 화제가 됐다.

대통령은 선거 당시에도 예술의 전당에서 열린 '발달장애인 아티스트 특별전시회'를 관람한 적이 있다. 도어스테핑이 이뤄졌던 용산 청사 로비에도 발달장애인 작가의 작품들을 전시해 용산을 찾는 많은 분이 작품을 접하게 했다.

　대통령이 발달장애인 작가 전시회를 찾았을 때 현장에 있던 관계자의 전언이다.

　"정치인들이 무슨 전시 단체전 할 때 와서 이렇게 그냥 쑥 보고 가고 사진 찍고 가고 그랬거든요. 그림을 보면서 여러 가지 질문을 하셨어요. 제일 깊이 있게 보신 분이세요. 그리고 질문 자체에도 너무 깜짝 놀랐어요. 웬만한 그런 작가님이나 비평 작가님들의 그런 질문 수준을 뛰어넘는 질문을 하시는 거예요. 작업을 어떻게 했는지 물어보니 작가가 얼마나 좋아했겠어요. 본인의 그림을 바라보면서 물어보고 이렇게 하는 거에 대해서 작가가 완전히 너무 좋아하더라고요. 이분은 정말 다른 분이구나 진짜 다르시구나! 정말 사람을⋯ 정말 소탈하시고 뭐랄까 사람을 대하는 게 진심이라는 게 느껴졌어요."

　대통령이 된 이후 서울의 한 복지관을 찾았는데, 발달장애인 학생이 자신의 그림이 입혀진 커피 파우치를 대통령에게 건네자 "커피 마시고 (그림이 그려진) 파우치 버리기가 아깝겠네. 계속 모아야 하겠네. ○○씨 고마워요." 했다.

　이름을 정겹게 불러주는 게 좋았고, 예쁜 그림이 그려진 파우치를 버리지 않고 모아야겠다는 대통령의 말씀도 미소를 자아내게 했다.

2021년 11월 4일,
국민의힘 대통령 후보 경선
전날(경기도 연천군에서).

III

———

과거에 머무를 것인가,
미래를 현실화할 것인가?

———

2022년 '굴욕외교' 비판을 딛고 일어서다

일본에 대해 글을 쓴다는 게 조심스럽다. 그건 그만큼 본능적으로 자기검열에 가까운 압박이 있기 때문이다. 이른바 친일 프레임에 걸리지 않기 위해선 정신 바짝 차려야 한다는 생각. 하지만 그런 강박에서 벗어나 보고자 한다. 우리나라 사람들은 일본 여행을 좋아한다. 일본 문화도 좋아한다. 일본 상품도 좋아한다. 그만큼 일본 사람들도 한국 여행을 좋아한다. 한국 문화도, 한국 상품도 좋아한다. 다 일상생활에서 문제가 없는데, 누군가의 목적에 의해, 어떤 정치권, 진영에 의해 일본에 대해 좋은 말을 하면 친일이라는 덫에 걸려 '매국노''친일파'가 된다.

그러면 또 사람들은 좌표를 찍어 공격한다. 물론 일부이다. 하지만 조직적이고 공격적이어서 당하는 사람은 힘들다. '역사를 잊은 민족에게 미래가 없다'는 말이 있다. 맞는 말이다. 하지만 역사를 정치적으로 그것도 과거에 매몰돼 정파적인 방식으로 이용하는, 그리고 매번 이용당하는 민족도 미래가 없다. 물론 일제강점기에 우리나라가 당한 치욕을 잊겠다는 건 아니다. 다만 미래에 방점을 두면서 과거의 문제를 풀기 위한 노력을 하자는 것이다. 10년, 20년 전보다 대한민국의 국력과 위상이 달라진 만큼 이 문제를 풀어가는 데 있어 주도적일 수 있어야 한다. 지독한 '반일'과 일본에서의 극심한 '혐한'은 서로를 동지 삼아 그 세력을 유지하고 확장한다.

사람들의 '감정선'을 건드리는 방식으로 국내 정치, 지지율 제고를 위해 '죽창가'를 부르고 '일본제품 불매 운동'을 벌이는 분들이 정작 본인들은 일본차를 타고 일본 여행을 다니는 건 볼썽사나운 일이 아니겠는가? 일본차를 사든 일본 여행을 다니든 모두 개인의 선택이다. 다만 말과 행동의 엇나감의 정도가 너무 심하다는 것이다.

2022년 9월 뉴욕에서 윤석열 대통령이 한일 문제를 풀기 위해 일본 기시다 총리가 있는 장소에 찾아가는 것조차 '굴종외교'라는 프레임으로 접근하는 일부 언론과 야당의 모습을 보면서 일본 문제는 역시 난제라는 생각이 들었다.

분노조장 시대유감

그해 12월 강제동원 피해배상 해법으로 정부의 '제3자 변제 안'이 언론에 보도됐을 때도 역시 쉽지 않을 거란 생각이 앞섰다.

하지만 윤석열 대통령은 달랐다. '친일' 프레임 비판을 받더라도 지지율이 떨어지더라도 자신이 책임을 지고 이 문제를 풀려고 했다. 현실화된 북한의 위협에 맞서기 위해서, 국민의 생명과 재산을 지키기 위해서 그리고 한일 관계의 미래를 위해선 자신이 대한민국 대통령으로서 '결자해지 하겠다'는 차원이었다. 해내는 리더십을 발휘한 것이다. 이듬해 3월에는 일본 도쿄를 방문해 기시다 총리와 정상회담을 갖고 한일관계를 정상화하기로 합의했다. '셔틀 외교' 복원이라는 성과를 가져왔다. 대통령실 고위 관계자는 "이번 회담은 자유, 민주주의, 인권, 법치 같은 가치를 공유하는 가장 가까운 이웃인 한일 양국이 그간 소원했던 관계를 정상화하고 긴밀히 협력해서 동북아와 세계 평화 기여하는 토대 다지는 데 의미가 있었다."고 설명했다.

하지만 '제2의 을사늑약'이니 '굴욕 외교'니 민주당과 일부 시민단체를 중심으로 비난이 쏟아졌다.

그런데 민주당은 2015년에도 마찬가지였다. 그해 12월 박근혜 정부가 한일간 위안부문제 협상 합의문을 발표하자, '굴욕''외교 참사'라는 등 막말을 쏟아내며 "10억 엔에 우리의 혼魂을 팔았다."고도 했다. 당시 아베 총리가 박근혜 대통령에게 전화를 걸어 "위안부로서 많은 고통을 겪고 심신에 걸쳐 치유하기 어려운 상처를 입은 모든 분에 대한 마음으로부터 사죄와 반성의 마음을 표명한다."고 사과했지만 그들은 평가절하했다.

한일 간 최대 난제였던 위안부 문제가 20여 년 만에 타결됐지만 야당 등은 결사반대했다. 그리고 집권하자 문재인 대통령은 '위안부 합의'를 무효화시키고, 집권 5년 내내 '반일몰이'에 몰두했다. 청와대 민정수석이라는 분은 '반외세' 동학농민운동을 기린 노래 죽창가를 SNS에 올리기도 했다.

그런 문재인 정부가 집권 말에 '위안부 합의를 파기한 적 없다.'고 슬쩍 말을 바꿨다. 집권을 했지만 책임을 지기 싫은 '야당'의 습성과 기질을 버릴 수 없었나 보다. 마치 '집권 야당'이었다. 외교 자체가 국내 정치를 위한 '죽창'과 같은 수단이었을 뿐이었다.

분노조장 시대유감

일본을 믿어요?
그럼 일본은 한국을 믿나요?

2022년 12월 화물연대 2차 파업에 대한 정부의 원칙 있는 대응으로 국정 지지율은 상승세를 탔다. 하지만 '제3자 변제'라는 강제징용 해법이 알려지자 지지율은 급락했다. 그동안 착실하게 쌓아놓은 포인트가 한순간에 날아가는 듯한 느낌이랄까? 예상대로 처음에는 '제3자 변제'가 악재로 보였다. 3·1절 기념사 메시지와 대통령의 도쿄 방문에서 이뤄진 한일정상회담을 통한 '한일 셔틀 외교 복원'에도 국내 반응은 냉랭했다. 대통령실 취재 기자들조차 이런 말을 했다.

"일본을 믿어요? 우리가 양보한다고 해도 우리가 원하는 수준의 유감 표명을 받기는 어려울 것 같아요. 우리 정부의 의도는 알겠는데 일본의 성의를 기대하기가…."

나는 기자에게 되물었다.

"일본은 우리를 믿을까요?"

약간의 적막이 흘렀다.

"…일본도 우리를 믿지 못하겠죠."

"맞습니다. 그러니 우리가 먼저 신뢰를 보일 필요가 있다고 봅니다. 아무것도 안 하면 지지율도 떨어지지 않습니다. 적당히 반일 프레임에 맞춰 메시지를 내면 지지율에도 도움이 될 수 있습니다. 하지만 그렇다면 문제가 해결되나요? 어르신들은 연세가 많아서 돌아가시는 경우도 점점 많아지고, 결국은 문제를 해결하기 위해 우리가 먼저 손을 건넨 거죠. 지지율이 떨어지더라도 우리 정부의 진정성을 일본도, 국제사회도 알게 되면 긍정적 반응이 나올 것이고, 그런 반응에 대해 우리 국민도 서운한 감정이 풀어지면서 한일 관계가 좋아지면 지지율도 다시 오를 겁니다. 수치가 같은 지지율일지라도 그런 과정을 거친 지지율은 그전과 다르다고 할 수 있습니다. 일련의 상황을 거친, 국민이 그런

분노조장 시대유감

과정을 알게 된 뒤의 지지율이라 더 견고할 수 있습니다. 보시죠 한 번. 물리적인 시간은 필요할 겁니다."

난 믿었다. 단지 그 시기가 빨리 오느냐 늦게 오느냐의 문제일 뿐이라고 말이다.

4월 한미정상을 보는 일본, 마음이 급해지다

윤석열 대통령의 5박 7일간 미국 국빈 방문은 연일 화제였다. 핵협의그룹^{NCG} 창설을 골자로 하는 '워싱턴 선언'이 채택됐고, 이는 과거 1953년 재래식 무기를 기반으로 한 상호방위조약에서 이제 핵이 포함된 한미상호방위 개념으로 업그레이드됐다는 평가가 나왔다. 특히 윤 대통령의 '아메리칸 파이' 열창에 바이든 대통령이 주먹을 쥔 채 양손을 번쩍 드는 모습, '미 상하원 의회 연설'에 미 의원들이 26차례 기립과 56번의 뜨거운 박수를 보내는 모습은 윤석열 정부 들어 자리 잡은 '굳건한 한미 관계'의 상징이 됐다.

분노조장 시대유감

바이든 대통령은 공개적으로 "윤석열 대통령의 담대하고 원칙 있는 일본과의 외교적 결단에 감사하다."고 밝혔다. 방미에 앞서 한일관계 정상화를 주도한 윤 대통령을 치켜세운 것이다. 강제 징용 문제 해결에 대한 제3자 변제 방식 때문에 국내적으로 어려움을 겪고 있지만 원칙 있게 대승적 결단을 내린 윤 대통령을 공개 지지한 것이다. 이는 일본의 성의 있는 대응, 결단을 요구하는 메시지이기도 했다. 피해자가 손을 먼저 내밀었는데 가해자 너희는 뭐하고 있느냐는 '압박'이었다.

'제3자 변제'를 통한 강제징용 문제해결 방식을 이야기했는데, 그 청자聽者엔 미국도 있었던 것이다. 한국과 일본뿐만이 아니라 미국이라는 청자가 있었고, 미국을 포함한 국제사회의 평가가 일본을 움직이게 했다.

일본 정부의 마음은 급했다. 5월 초 기시다 총리가 서울로 답방을 함으로써 12년 만에 셔틀 외교가 재개됐다. 그리고 5월 19일에서 21일 주요7개국G7정상회의가 열리는 히로시마에서 윤석열 대통령과 기시다 총리는 함께 한인 원폭 피해자 위령비에 참배했다.

이후 한일 관계는 복원돼 '정상화 단계'에 이르렀고, 8월에는 미국 캠프데이비드에서 한미일 정상회의가 열렸다.

외신들 "한·미·일 정상회의,
尹대통령의 용기·의지·공 있다"

한·미·일 3국의 안보·경제 협력 수준을 격상시킨 미국 캠프데이비드 한·미·일 정상회의 성과에 "윤석열 대통령의 강력한 '정치적 의지'와 '공credit'이 있다."는 외신들의 보도와 전문가들의 분석이 이어지고 있다고 대통령실이 20일 전했다.

미국 월스트리트저널은 지난 18일 '한·미·일, 중국과 북한에 대응하기 위해 동맹 강화'라는 제목의 기사에서 "조 바이든 미국 대통령은 윤 대통령과 기시다 후미오 일본 총리가 보여준 '정치적 용기'를 높이 평가했다."며 "미 관계자들도 일본의 한국 식민지배에 대한 적대감으로 인해 한·일 협력이 약화된 적이 있었던 점을 감안하면 이번 정상회의가 역사적이라고 설명했다."고 소개했다.

워싱턴포스트 역시 같은 날 '바이든, 한·일과의 파트너십의 새 시대 천명'이라는 기사에서 유키 타츠미 스팀슨센터 동아시아 국장을 인용해 "한·미·일 정상회의와 공동성명은 '진정으로 역사적'이었다."면서 "한·미·일 관계를 자유롭고 개방적인 인도-태평양의 기반anchor으로 격상시키고, 후대의 정상이 오늘의 약속을 되돌리기 어렵도록 이를 제도화하는 3국 정상의 결의를

분노조장 시대유감

의미한다."고 평가했다.

뉴욕타임스도 "윤 대통령이 정책을 전환하면서 한·일 관계 개선을 이끌었다."며 "캠프 데이비드 정상회의는 윤 대통령이 한·일 간 과거사를 넘어서기로 결정하면서 가능했다."고 지적했다. 이어 "이 같은 해빙은 북한·중국 등 시급한 지역 안보 현안에 대응하기 위해 한국 당국이 오래된 분쟁을 해결할 수 있음을 보여줬다."고 부연했다.

〈아주경제〉 2023.08.20. 이성휘 기자

윤석열 정부의 미래지향적인 태도에 일본의 언론도 호응하기 시작했다.

보수성향의 〈요미우리신문〉은 2023년 6월 100년 전 간토關東 대지진 당시 유언비어로 조선인이 학살된 사실을 1면에 실었다.

2008년 일본 정부 중앙방재회의가 정리한 보고서 내용을 인용 보도했다. 보고서에는 "대지진 당시 '조선인이 폭동을 일으켰다' '우물에 독을 탔다'는 등의 유언비어를 들은 사람들이 각지에서 자경단을 결성해 일본도나 낫 등으로 무장하고 재일조선인을 무작위로 심문하고, 묶고, 폭행을 가해 죽음에 이르게 했다."는 내용이 담겨 있다.

　그리고 몇 개월 뒤 국내 한 방송사가 〈요미우리신문〉 회장을
인터뷰했다.

[단독] 요미우리신문 회장의 쓴소리…
"일본도 바로 알아야"

[앵커]

일본 요미우리신문 회장이 한국 언론과는 처음으로 저희 도쿄
특파원과 인터뷰를 했습니다. 일본 정치권을 향한 쓴소리와 함
께, 미래 지향적인 한일 관계를 위한 의견도 내놨습니다.
도쿄 박상진 특파원의 단독 보도입니다.

[기자]

발행 부수 세계 1위이자 일본 여론의 풍향계라는 요미우리신
문의 오이카와 회장.
50년 정치부 기자 출신으로 일본 정치 생리를 잘 아는 그는 야
스쿠니 참배 같은 민감한 질문에 거침이 없었습니다.

　　　　　　　　　　　　분노조장 시대유감

[오이카와/요미우리신문 회장]
A급 전범의 영령들과 (일반 전쟁 피해자가) 같이 합사된 곳에 참
배하는 것이기 때문에 부적절하다고 생각합니다.

[기자]
관련 증거가 없다며 일본 정부가 애써 외면하고 있는 간토 조선
인 대학살도, 일본인들이 바로 알아야 한다고 힘줘 말합니다.
지난 6월 대지진 100주기를 맞아 요미우리신문 1면에 조선인
대학살 기사가 실린 배경입니다.

[오이카와/요미우리신문 회장]
일본의 반성을 포함해 (현재도 인터넷에) 난무하는 가짜 뉴스와
유언비어 때문에 생긴 피해에 대한 무서움을 상기해야 할 필
요가 있었습니다.

[기자]
오이카와 회장은 지난 3월 한일 정상회담을 앞두고 윤석열 대
통령을 직접 인터뷰한 뒤 9개 면에 걸쳐 크게 보도했습니다.
한국의 대일 관계 개선 노력에 호응해야 한다는 차원이었다고
설명했습니다.

[오이카와/요미우리신문 회장]

윤석열 대통령의 생각 등을 (일본 독자들에게) 잘 알릴 수 있는 좋은 기회라고 생각했습니다.

[기자]

요미우리 보도 이후 실시 된 여론조사에서는 한일 관계가 좋다는 의견이 30%포인트가량 올라 기류가 달라지고 있다는 평가가 나오고 있습니다.

[오이카와/요미우리신문 회장] (서로를) 모르기 때문에 믿을 수 없다고 하면 언제까지나 관계 진전은 없을 것입니다. 서로 노력해서 교류를 깊게 해나간다면 괜찮을 것입니다.

[기자]

후쿠시마 오염수 방류 문제도 한국과 중국 등 주변국들의 우려를 이해한다며, 안전성과 관련된 데이터가 쌓여 신뢰가 축적되면 우려는 해소될 것으로 내다봤습니다.

〈SBS8뉴스〉 2023.10.03.

분노조장 시대유감

아메리칸 파이,
상하원 연설.
미국은 왜 한국을 지지하나?

윤석열 대통령의 아메리칸 파이와 상하원 연설에 왜 미국은 그렇게 열광을 했을까? 왜 한국을 지지할까? 어려울 때 도와준 나라에 대한 고마움을 표현해서?

그럴 수 있다.

'전혀 알지 못하는 나라의 한 번도 만난 적 없는 국민'을 지키기 위해 4만 명에 가까운 미군이 전사했다. 그 희생이 헛되지 않게 대한민국이 자유민주주의라는 가치 아래 발전하고 성장해서 자신들의 지키려 했던 '자유, 인권, 민주주의'의 보편적 가치를 얘기하고 '새로운 여정'에 함께 할 수 있게 됐다는 사실, 즉 '가치 동맹'

를 통해 미래를 향해 계속 전진할 수 있다는 믿음에 지지를 보내
는 게 아닐까 싶다.

'인권'은 중요하지만
'인권' 앞에 '북한'이라는
단어가 들어가면

윤석열 대통령은 미 상하원 연설에서 대한민국 정부가 최초로 공개 발간한 북한 인권보고서를 언급하면서 미국 의원들이 북한 주민들의 열악한 인권 개선에 힘써 달라고 요청했다. 최근 5년간 북한 이탈주민 508명의 증언을 바탕으로 세계인권선언과 국제 인권조약 등 국제적 기준을 적용해 북한 인권 유린 사례를 담고 있다며, 코로나19 방역 지침을 어겼다는 이유로 무자비하게 총살당한 사례, 한국의 영화와 드라마를 시청하고 유포했다고 공개 처형한 사례, 성경을 소지하고 종교를 가졌다는 이유만으로 공개 총살을 당한 사례 등을 들었다.

하지만 문재인 정부는 보편적 가치인 인권에 대해 관심이 없었다. 인권에 관심을 드러냈을 때는 언제까지나 상대를 공격할 때 국내 정치용일 뿐이었다. 인권이라는 말에 '북한'이라는 수식어가 들어가면 회피했다. 비겁했다.

그러면서도 인권이 무시된 채 강제로 동원되는 2018년 9월 평양 환영 인파에 문재인 전 대통령은 파안대소破顔大笑했다. 특히 9월 19일 평양 능라도 5·1 경기장에 동원된 15만 군중 앞에서 자랑스럽게 연설했다. 대통령으로서의 냉정이라고는 찾아볼 수 없는, 누구보다 그 상황을 즐기는 듯 입이 귀에 걸린 표정으로 스스로를 '남쪽 대통령'으로 겸양의 덕까지 보이며 "평양의 놀라운 발전상을 보았다."라고도 했다. 그러면서 "어려운 시절에도 민족의 자존심을 지키며 일어서고자 하는 '불굴의 용기'를 보았다."라고 했다. '민족'이라는 말만 앞세우고, 정작 북한 주민들에게 절실한 '자유'와 '인권'의 가치는 용도폐기했다. 어안이 벙벙했다. 반미전선을 구가하며 핵 미사일 개발에 몰두해, 주민들 배를 곯게 만드는 세습독재 김정은 앞에서 그런 찬사를 보낸 것이다. 인권변호사 출신으로 늘 '사람이 먼저'라고 말하던 문재인 전 대통령은 단지 북한 주민보다 '김정은이 먼저'였던 것이다.

더 실소를 금할 수 없는 건 2018년 9월 김정은이 트럼프 당시 미국 대통령에게 보낸 친서가 뒤늦게 공개됐을 때다. 친서엔 "향후 문 대통령이 아니라 각하와 직접 한반도 비핵화 문제를 논의하길 바란다."는 내용이 들어 있었다. 트럼프가 러브레터로 부른

분노조장 시대유감

서한을 김정은이 보낸 시점을 계산해 보면, 문재인 전 대통령과 김정은이 '9·19 공동선언'을 발표한 바로 이틀 뒤였다. 김정은이 "한반도의 완전한 비핵화를 추진하는 과정에서 긴밀히 협력하기로 했다."라고 해 놓고선 문 전 대통령의 뒤통수를 제대로 친 격이다.

'건전재정' 기조 유지,
'재정 중독'의 유혹을 뿌리치다

윤석열 대통령의 뚝심 리더십이 빛을 발하는 분야가 또 있다. 바로 '대한민국'이라는 국가를 지속하기 위한, 미래 세대를 위한 '건전재정' 기조 유지다.

윤석열 대통령의 머릿속에는 어떤 일이든 '미래'에 방점이 놓여 있다. 국채의 발행이 결국 '미래세대를 약탈하는 것'이라면서 국채를 발행하지 않고 거둔 세금 안에서 지출하는 '건전 재정'의 중요성을 대선 선거 기간은 물론 정권 초기부터 여러 차례 강조해 왔다.

윤 대통령은 총선을 5개월여 앞둔 지난 10월, 국회에서 2024

년도 예산안 시정연설을 통해 "건전재정은 단순하게 지출을 줄이는 것이 아니고, 국민의 혈세를 낭비 없이 적재적소에 효율적으로 쓰자는 것"이라며 "건전재정은 대내적으로는 물가 안정에, 대외적으로는 국가신인도를 유지하는 데 매우 중요할 뿐만 아니라 미래세대에게 감당하기 어려운 빚을 넘겨주지 않기 위한 것"이라고 밝혔다.

윤 대통령은 국제통화기금IMF이 한국의 건전재정 기조를 '옳은 방향'이라고 긍정적으로 평가한 것을 언급하면서 "국제신용평가사들도 우리나라 국가신용등급 유지에 가장 중요한 요인으로 재정 건전화 노력을 꼽았다."고 설명했다.

또한 내년도 예산안 편성과정에서 총 23조 원 규모의 지출을 구조조정했다는 것을 강조하며 "모든 재정사업을 제로베이스에서 검토해 예산 항목의 목적과 취지에 맞지 않는 지출, 불요불급하거나 부정 지출이 확인된 부분을 꼼꼼하게 찾아내어 지출 조정을 했다."고 밝혔다.

그러면서도 윤 대통령은 "국방, 법치, 교육, 보건 등 국가 본질 기능 강화와 약자 보호, 그리고 미래 성장 동력 확보에 더 투입할 것"이라며 "경제가 어려울 때일수록 어려움을 더 크게 겪는 서민과 취약계층, 사회적 약자를 더욱 두텁게 지원하겠다."는 말을 잊지 않았다.

다음 날 서울 마포의 한 카페에서 열린 '타운홀 미팅'을 통해,

적자 재정지출 확대가 물가 상승을 가져올 수 있다는 것을 강조하기도 했다. 국채를 발행해서 정부 지출을 늘리면, 발행된 국채를 중앙은행이 인수하면서 시중에 그 국채의 가격만큼 돈이 풀리기 때문에 이것이 물가 상승 압력으로 작용할 수밖에 없다.

총선을 앞둔 정부여당 입장에서 왜 돈을 풀고자 하는 유혹이 없겠는가? 무엇보다 표가 되는 일이 무엇인지 누구보다 잘 아는 사람들이 정치권 아닌가? 하지만 전임 문재인 정부의 '재정중독'을 탈피해서, 방만한 국가 운영의 관성을 극복해서 '피벗Pivot'해야만 국가가 지속가능할 수 있고, 미래세대를 약탈해서는 결코 안 된다는 신념과 철학을 윤석열 정부는 지니고 있다. 습관적으로 받아온 사람들의 조직적 반발은 대단하다. 하지만 윤 대통령은 이겨냈다.

문재인 정부의 '재정중독 폐단'은 고스란히 미래세대의 부담으로 남았다. 집권 내내 10차례 추경을 편성한 문 정부는 불과 5년 동안 국가채무를 400조 원 넘게 늘려놓았다. 2017년까지 누적된 국가채무는 660조 원에 불과했다. 이게 말이 되나? 그래서 문 정부의 임기가 끝날 때는 국가채무 1000조 국가, '국가부채 천조국'이라는 불명예를 갖게 됐다.

내가 집권하는 동안에 나라 빚이 늘더라도 5년 뒤 나는 대통령실에서 나가는데, 그리고 지금 재정을 풀어 돈을 나눠주면 다들 좋아하는데, 누군들 빚내 생색내고 싶지 않을까? 폼 나게 돈 좀 쓰고 싶지 않겠나? 간단한 문제다. 하지만 이런 재정중독에서

분노조장 시대유감

탈피해 정말 어려울 때를 위해 정말 힘든 분들을 위해 국가는 재
정을 집행해야지, 내 사람 챙겨주기 위해 혹은 선거를 위해, 정권
유치 차원에서 나라 빚내서 돈을 줘야 하겠는가?

MF 아태국장 "韓 재정건전화 고무적
…부채 디레버리징 중요"

'IMF 연차총회' 현지 기자간담회…"가계부채 비율 떨어져야,
시스템 리스크 가능성 제한적"
한국 성장전망치 수정엔 "테크 사이클·중국 성장둔화 반영"

국제통화기금IMF 크리슈나 스리니바산 아시아·태평양국장은
13일(현지시간) "어느 때보다도 재정 건전성이 가장 중요하다"
며 "한국의 재정준칙은 굉장히 잘 만들어진 준칙이고, 중기적
인 재정관리에 좋은 프레임워크"라고 평가했다.

스리니바산 국장은 이날 모로코 마라케시의 IMF 연차총회장
에서 진행한 한국기자단 간담회에서 이같이 언급했다.

한국 정부의 재정정책에 대해선 "재정적자 비율(통합재정수지)이 줄었는데 굉장히 높게 평가한다. 매우 적절하고 고무적"이라며 "미래의 잠재적 쇼크에 대비하기 위해 버퍼를 확보하고 부채를 낮은 수준으로 유지하는 게 중요하다."고 호평했다.

그러면서 "국내총생산GDP 대비 정부부채 비율이 더 늘지 않도록 해야 한다. 계속 예의주시해야 한다"며 "중요한 것은 중기재정 프레임워크, 재정준칙을 통해 건전성을 유지하는 것"이라고 지적했다.

재정지출 기조에 대해선 "필요한 계층에 표적화된 지원을 제공하는 게 중요하다."며 "코로나 당시의 재정지원을 다시 거둬들이는 게 옳은 방향"이라고 말했다. 그러면서 "일부에선 성장이 둔화하기 때문에 더 많은 지원을 해야 하는 것 아니냐는 말이 있지만 저는 그렇게 보지 않는다."며 "재정 지원보다 건전화 기조를 유지하는 게 중요하다."고 강조했다.

〈연합뉴스〉 2023.10.14. 이준서 기자

분노조장 시대유감

작위作爲 vs. 부작위不作爲
그 경계를 안다

시간은 유한하다. 세상은 복잡하다. 그래서 사람이든, 조직이든, 정부든 해야 할 것과 하지 말아야 할 것에 대한 구분을 해야 하고, 해야 할 것 중에선 우선해야 할 것과 좀 나중에 해야 할 것을 구분해야 한다.

무엇보다 경계해야 할 것은 어설픈 과잉 이념에 사로잡혀 세상을 단순하게 재단하고, 공학적으로 바꾸려는 시도다. 세상은 그리 단순하지 않고 복합적이며 다층적이다. 거기에는 수많은 이해관계가 실타래처럼 얽혀 있고, 다양한 사람들의 삶과 무게가 녹아 있다.

문재인 정부는 노무현 정부를 계승한다고 했다. 하지만 국정운영 방식은 전혀 '딴판'이었다.

노무현 정부의 공과가 있다. 하지만 고故 노무현 전 대통령은 자신의 지지 세력의 요구를 무조건 듣지 않았다. 지지층 이탈을 감수하고 대한민국 경제 영토를 넓히는 한미 FTA협상을 시작했다. 2006년 1월 신년연설에선 "우리 경제의 미래를 위해 미국과도 자유무역협정을 맺어나가야 한다."며 한미 FTA의 필요성을 피력했다. 집권 초기 북핵 갈등으로 미국 조야에서 북한 선제공격론이 불거지자 노 전 대통령은 미국을 설득할 지렛대가 필요했고, 북핵 문제의 외교적 해결이라는 연장선상에서 이라크 파병을 결심했다. 파병을 통해 한미관계를 다졌다.

제주 해군기지 건설도 추진했다. 노 전 대통령이 유사시에 주변국 등을 견제할 수 있도록 지지층의 극심한 반대를 무릅쓰고 추진한 정책이다. 노 전 대통령은 2007년 6월 제주도를 찾아 "어떤 평화의 땅에도 비무장은 없다."며 현지 주민들을 설득했다고 한다.

진영의 수장이 아니라 한 국가의 대통령으로서 해야 할 일을 한 것이다. 하지만 문재인 전 대통령은 달랐다. 대통령으로 당선이 됐어도 강성 지지자들의 기대에 부응하며 진영의 수장으로 남았다. 적폐청산이라는 기치 아래, 그리고 조국 전 법무부 장관에 대한 마음의 빚 운운하면서 대한민국을 두 갈래로 갈라지게 했다. 대통령으로서 해야 할 작위作爲는 하지 않았다. 미래를 준

분노조장 시대유감

비하는 개혁은 전혀 손도 대지 않았다. 국가 재정은 자기 주머니에서 나가지 않는 만큼 지지율 유지와 선거 승리를 위해 마음껏 풀었다. 어려운 분들을 위한다고 했지만 자신들을 지지하는 분들의 호주머니 속으로 먼저 들어갔다.

부작위^{不作爲}해야 할 것은 어설픈 과잉 이념을 바탕으로 전방위로 진행했다. 대한민국의 수많은 사람의 삶이 실험대에 올라갔다. 최저임금 인상 등을 통한 소득주도성장, 마차가 말을 끄는 격이지만 결국 강행했다. 노동자의 임금이 올라가면 기업 입장에선 비용이 증가하는데도 그냥 믿고 싶은 대로 강행했다. 문재인 정부의 주주인 민주노총이 원하고 그들의 조직력이 선거 때 필요하기 때문에 그들 입장에선 '환상적인 거래'이자 '당연한 논리'이기도 하다. 하지만 현 정부 감사원 감사 결과 문재인 정부 시절 제기된 국가통계 왜곡·조작 의혹이 실제로 광범위하게 자행된 것으로 드러났다. 감사원 발표에 따르면 문 정부 청와대와 국토부는 한국부동산원 통계 작성에 부당한 영향력을 행사해 2017년부터 2021년까지 최소 94회 이상 집값 통계수치를 조작하게 했다. 또 통계청에도 압력을 행사해 소득과 분배, 고용통계까지 분식하도록 했다고 한다. 마차가 말을 끄는 것이 불가능하니 그렇게 보이도록 '영상'을 편집, 조작한 것이다. 경제원론에도 없는 소득주도성장이 성공했다면 노벨경제학상을 따놓은 당상인데, 통계는 분식할 수 있어도 현실은 그럴 수 없었던 것이다. 지난 대선은 문재인 정부의 반 시장 정책 중에서도 부동산 정책

실패, 시장의 역할을 무시한 채 세금 폭탄과 규제 남발을 통한 수요 억제책에 대한 준엄한 심판의 성격도 컸다.

윤석열 대통령은 분명 정부가 당연히 해야 할 것, '작위^{作爲}'와 하지 말아야 할 것, '부작위^{不作爲}' 경계를 잘 인식하고 있다. ▶대한민국 국민의 생명과 안전을 위해 튼튼한 국방과 굳건한 한미동맹 강화, 가치외교를 통한 외교 확장 ▶미래 세대와 대한민국의 지속 발전을 위한 건전재정과 3대 개혁 ▶외국의 직접투자와 일자리 창출 등을 위한 대한민국 영업사원 1호로서의 세일즈 외교 ▶ 이념을 탈피한 규제 완화·감세 등을 통한 기업 활력 제고 ▶탈원전 정책 수정 ▶시장과 민간의 영역을 존중하되 불공정, 부작용에 대해선 정부 대응 ▶노사 법치주의 확립 및 노사 원칙 대응 등이 이뤄지고 있다.

그런데 대한민국의 권력이 국회 입법부, 특히 여소야대의 지형상 야당, 민주당에 몰려 있다 보니 윤석열 정부의 정책이나 개혁 입법 등이 국회라는 공간에서 나아가지 못하고, 대한민국이 앞으로 제대로 나아가지 못하고 있다. 비판적인 견제는 고사하고 탄핵과 해임을 남발하며 무정부상태를 만들려고 하고 있다. 다수 의석수를 기반으로 힘을 과시하며, 근육 자랑에 핏대를 올리고 있다. 오로지 이재명 당 대표의 사법리스크를 막기 위해 이재명의 민주당으로서 '부끄러움'은 남들의 몫일 뿐 당당하기까지 하다. 오늘도 개딸들은 이견을 제시하는 당내 비명계 의원들을 찾아 수박('겉은 민주당, 속은 국민의힘'이란 뜻, 민주당 내 비명계를 지칭할 때 쓰이는 말)깨기, 처단의 정의로운 길에 나서고 있다.

대통령의 국정운영 긍정 평가 요인 첫 번째는 다름 아닌 외교·안보 분야이다. 국회에서의 입법이 이뤄지지 않더라도 대통령의 권한으로 할 수 있는 영역이기 때문이다. 그렇다면 국민이 소환한 윤석열 대통령이 외교·안보 분야뿐만이 아니라 다른 분야에서도 제대로 일을 하기 위한 최소한의 필요조건은 무엇일까?

바로 의회권력을 바꾸는 것, 의회권력 교체이다. 국민이 뽑아준 윤석열 대통령이 제대로 일할 수 있도록, 야당이 더 이상 발목을 잡지 못하도록 무소불위의 권력을 휘두르는 본인들의 힘을 주체 못하는 야당을 심판해야 한다. 분노를 조장하는 시대를 마감하고 그런 세력들은 교체해야 한다.

2024년
총선의 의미

국민의힘이 2022년 3월 대통령 선거를 이기고, 6월 지방선거도 이겼지만, 야당인 민주당은 여전히 분노를 기반한 퇴행적 행동을 서슴지 않고 있다. 압도적 의회 권력에 기생하는 카르텔의 조직력도 여전히 공고하다. 대선 패배와 지방선거 패배에 대한 반성도 없다. 대선에서 패배한 이재명 당시 후보는 바람같이 인천 계양 재보궐 선거를 통해 국회에 입성했고 그 과정에서 돈 봉투 의혹의 중심에 서 있는 송영길 전 의원은 어떤 일인지 겸양의 미덕을 보였다. 이후 이재명 의원은 주변의 만류에도 불구하고 마지막 방탄 갑옷을 한 겹 더 입기 위해 당 대표로 나서 마침내

　　　　　　　　　　　　분노조장 시대유감

소원을 이뤘다. 말 그대로 이재명의 민주당을 완성했다. 이런 말을 주변에서 하면 자존심이 상해야 하는데, 그들 입으로 이재명의 민주당이라 한다.

조국 전 법무부 장관은 또 어떠한가? 국민들이 대선을 통해 정치적 책임을 물었고, 1심 법정에서 유죄를 받아 항소심 재판 중인데도 총선 출마를 시사하고 있다. 이분의 말을 빌리자면 "지금 재판을 받고 있는데 최대한 법률적으로 해명하고 소명하기 위해서 노력을 할 것"이며 "이것이 안 받아들여진다면 비법률적 방식으로 저의 명예를 회복하는 길을 찾아야 하지 않느냐는 것을 생각하고 있다."고 한다.

그렇다면 내년 총선의 성격은 자명하다.

대한민국이 미래로 나가느냐 아니면 현상 유지, 아니 과거로 퇴행하느냐의 싸움이다. 조국 전 장관 같이 뻔뻔한 사람들에게 확실하게 국민이 얼마나 무서운지, 경종을 울려야 한다. 국민의 행복과 미래 세대를 위해, 그들의 바람이 녹아든 현 정부의 국정 철학을 관철시키기 위해, 국민을 위한 정책과 개혁 입법을 완수하기 위해 입법부에서 과반 의석수 이상 점유가 필요하다. 특히 이번 선거를 관통하는 시대정신은 '세대교체'라고 생각한다. 더 이상 누군가의 분노와 진영 논리를 통해 자신의 잘못은 숨기고, 자신의 기득권을 유지하는 정치 세력은 교체돼야 한다고 본다. 단지 나이가 젊다는 것을 의미하는 게 아니다. 생물학적 나이를 넘어 새로운 시각과 도전 정신, 그러면서도 언행言行이 진중하면서도 책임감을 지닌 분들이 국회에 많이 들어가야 한다. 2030 세대도 이제 '싸가지'가 있는 책임감 있는 정치인을 원한다. 아버지, 어머니 세대를 존중하고 젊은 세대의 이야기도 경청하는 그런 예측 가능하고 안정감 있는 정치인을 원한다.

절대평가와 상대평가.
콘크리트 지지층이 없다는 게 약점?
강점!

대통령 국정지지율은 '절대평가'이다. 당연하다. 국정운영의 주체이기 때문이다. 하지만 선거라는 것은 '절대평가'가 아니라 '상대평가'다. 국정지지율 여론조사에선 나타나지 않는 민심이 다양한 형태로 나타난다. 내가 아무리 잘해도 상대가 더 잘하면 지는 것이고, 내가 못해도 상대가 더 못하면 내가 이길 수도 있다. 요행을 바라는 뜻은 아니다. 현실이 그렇다는 얘기다. 2023년 10월 강서구청 보궐선거 이후 한때 대통령 지지율이 떨어졌다. 대통령의 사우디·카타르 순방 성과와 대통령의 메시지와 행동, 일정 변화 등으로 11월에는 반등의 조짐을 보이고 있다. 그럼에도 많은 분이 "지금의 대통령 지지율로 내년 총선을 승리할 수 있겠느냐?"는 물음표를 던진다.

윤석열 대통령은 콘크리트 지지층이 없다. 약점이다. 하지만 난 꼭 그렇게만 생각하지 않는다. 박근혜 전 대통령이나 문재인 전 대통령은 강한 지지층이 있었다. 40%대 지지율은 기본이었다. 50%대를 넘는 경우도 많았다. 하지만 '탄핵'을 당했고, 5년 만에 정권을 내놓아야 했다. 지지층 목소리만 경청했기 때문이다. 몇 번의 시그널Signal이 있었지만 견고한 지지율 때문에 주변 사람들은, 국민은 다 듣는 그 시그널을 정작 본인들은 듣지 못했다. 아니 들었는데 지지율에 취해 심각하게 생각하지 않았다. 조직된 강성 목소리에 매몰됐다. 지지율도 견고했다. 지지율이 비탄력적이다 보니 국정의 방향을 바꾸지 않았다. 그렇게 일이 커지면서 민심의 회초리, 매를 세게 맞았다. 하지만 윤석열 대통령은 정치권에 들어올 때부터 견고한 지지층이 두텁지 못했다. 그래서 윤석열 대통령이 잘하면 지지율이 상승하고 부족하면 지지율이 하락했다. 즉 탄력적이었다. 그렇다고 지지율 때문에 해야 할 일을 하지 않은 것은 아니다. 일본과의 관계 복원, 건전 재정 기조 유지 등 대통령으로서 해야 할 일은 하고 있다. 뚝심 있게 국가 지도자로서 일을 수행한다.

그런데 당연한 게 아닌가 싶다. 국민의 지지라는 것은 원래부터가 조건부이다. 영원한 권력도 없고, 영원한 지지도 없다. 국민 앞에서 한없이 겸손해야 하고 경청해야 한다. 대통령은 "국민은

분노조장 시대유감

무조건 옳다."고 말했다.

그리고 11월 시민들을 만난 자리에선 정치를 시작할 때의 '초심'을 언급하며 "누구의 탓으로 돌리지 않고 대통령인 제 책임, 또 제가 맡고 있는 우리 정부의 책임이라는 확고한 인식을 갖고 오늘 말씀을 잘 경청해서 국정에 제대로 반영하겠다."며 낮은 자세를 보였다.

제3지대
성공? 실패?
조건은?

양당 구도에 대해 염증을 느끼는 분들이 많다. 매일 싸우기만 한다고 한다. 그것을 파고드는 것이 바로 제3지대 바람이다. 인요한 국민의힘 혁신위원장이 통합을 위해 신당 창당을 언급한 이준석 전 대표의 강연 자리를 찾아갔고 이 과정에서 이 전 대표가 인 혁신위원장에게 '미스터 린튼'이라 칭하며 영어로 응대해 '인종차별 논란'이 불거졌다.

이 전 대표는 이어 안철수 의원과 서울의 한 식당에서 칸막이를 사이에 두고 신경전을 벌였다. 안 의원은 복국집에서 기자들과 오찬을 하던 중 이 전 대표가 지난 4일 부산 토크콘서트에서

150   분노조장 시대유감

인요한 혁신위원장을 '미스터 린튼'으로 호칭하고 영어를 사용한 점 등에 대해 '인 위원장을 우리 구성원으로 인정할 수 없다는 혐오 발언'이라는 취지로 언급했는데 당시 우연히 옆방에서 식사하다 이를 듣게 된 이 전 대표가 식당 칸막이를 사이에 두고 "안철수 씨 식사 좀 합시다. 안철수 씨 조용히 좀 하세요."라며 여러 차례 소리를 지른 것으로 전해졌다.

사실 '신당'의 위력, 제3지대 공간이 얼마나 클지는 아무도 모른다. 다만 그쪽에 관심과 마음, 지지를 두고자 하는 분들이 어떤 스타일일까 보면 '중도 무당층'일 가능성도 높다. 그분들이 왜 기존 정치인들에게 실망을 했을까? 언행, 품격도 적지 않은 영향을 줬을 것이다. 그런데 어느덧 기성정치인들과 다를 바 없는 언행을 보이고 있는, 나아가 사람의 인격을 무시하고, 모든 것을 이기고 지고의 싸움으로 세상을 바라보는 분들을 얼마나 지지할지는 의문이다.

분명하게 말할 수 있다. 제3지대의 공간은 항상 '상수'가 아니라 '변수'다. 양당의 혁신과 쇄신의 노력은 공천이 다가올수록 커질 것이고 제3지대의 공간은, 관심은 줄어들 수밖에 없다. 그리고 현실에서의 불만으로 만들어진 제3지대의 공간에 구체적 인물들이 채워지면 거기에서 비롯되는 실망과 불만도 커진다.

여하튼 선거는 통합과 헌신과 희생을 통한 쇄신을 누가 폭넓게 깊이 있게 가져가느냐의 싸움이다. 오만하면 절실하지 못하고 절실하지 못하면 통합도 변화도 없다.

IV

나는 왜
정치인이 되고자 하나?

아이들은
부모님의 등을
보고 자란다

아버지가 서운하실 수 있지만 난 어린 시절 아버지에 대한 기억은 없다. 아버지는 내가 태어나자마자 중동으로 떠나셨다. 그리고 몇 년 뒤 한국으로 돌아오셨지만 이내 다시 중동으로 되돌아가셨다고 한다. 내가 기억하는 건 아버지가 국민학교(초등학교) 2학년 때 한국으로, 집으로 돌아오셨다는 것이다. 그래서 첫 번째 한국에 오셨을 땐 아버지를 '아저씨'라 불렀다고 한다.

반면 엄마에 대한 기억은 선명하다. 나이가 50살 가까이 됐지만 어머니보다 엄마라는 말이 편하다. 가장의 빈자리까지 맡게 된 엄마는 인쇄소에 다니셨다. 엄마는 우리 삼남매가 잠이 들면

장롱 밑에서 종이 박스를 조용히 꺼내 박스를 접었다. 한쪽 면이 은색빛을 내뿜는 소형 도시락 박스였다. 방에 불을 켜면 아이들이 깰까 봐 엄마는 삼남매를 등지고 어두컴컴한 방안에서 몇 시간씩 같은 일을 반복하셨다.

그런 엄마의 뒷모습, '등'을 바라보며 나는 커갔다. 현재의 시점에서 과거의 기억에 해석이 덧붙여졌는지는 모르지만 그 어린 나이에도 '엄마 힘들겠다' '열심히 살아야 겠구나'라는 생각이 들었다.

어릴 적 초등학교 당시는 국민학교였지만 아무튼 내가 늘 첫 번째로 등교했다. 아무도 없는 복도를 따라 걸어가면 작은 걸음 하나 하나 뚜렷한 '울림'을 만들어 냈다. 엄마가 일찍 회사에 나가시는 바람에 어쩔 수 없는 선택이기도 하지만 그런 습관이 지금의 '아침형 인간'을 만들었다. 새벽에 일어나 생각을 정리하고 하루의 일과를 미리 떠올리는 일, '미래의 나의 모습이 궁금하다면 현재의 나의 모습을 보면 알 수 있다'는 이 말이, 현재가 미래를 만든다는 이 소박한 진실이 나를 이끄는 동력이기도 하다.

세상에 공짜가 없고, 모 심은 데 모나고 팥 심은 데 팥난다는 현실은 아버지로부터도 배웠다. 목수로 중동에 간 아버지는 목수 일이 끝나면 땀으로 범벅이 된 상태에서도 아는 포크레인 기사분에게 집요하게 이것저것 물었고 그분의 도움으로 한국에 돌아와선 중장비 기사 자격증을 따셨다고 한다. 그래서 두 번째로 중동에 가서는 포크레인 기사로 건설 현장을 누비셨다. 왜 중동

분노조장 시대유감

에 가셨냐는 질문에 아버지는 중동은 다른 나라의 현장에 비해 주중에 돈을 벌고 주말엔 돈을 쓸 수 없는 곳이라, 돈을 모을 수 있어서 가셨다고 말을 하셨다. 어릴 적 아버지와의 기억이 없어 아버지를 아저씨라고 불렀을 때 정작 아버지의 마음은 어떠셨을까? 아이들이 커가는 과정을 지켜보지 못한 아버지, 그런 아버지 세대는….

대통령실에서 근무하면서 대통령 순방 차 여러 국가를 다녔다. 그리고 지난 10월 윤석열 대통령의 사우디아라비아 국빈 방문 당시 동행을 하게 됐다. 여러 일정이 있었지만 아무래도 '한·사우디 건설협력 50주년 기념식'에 관심이 갈 수밖에 없었다. 50주년 기념식 하나에서만 한국 기업은 24억 달러(3조 2천억 원) 규모의 가스플랜트 패키지 사업을 수주하는 성과를 거뒀다. 윤 대통령의 국빈 방문을 계기로 양국 기업은 156억 달러(21조 원) 규모의 MOU를 체결했다. 지난해 모하메드 빈 살만 왕세자의 한국 방문 당시 40조 원 투자 약속에 이어 추가로 21조 원 '오일머니' 잭팟을 터트린 것이다. 사우디에서만 윤석열 정부들어 61조 원 규모의 계약이 성사됐다.

'영업사원 1호' 윤석열 대통령을 만나기 위해 재산만 2조 달러(2850조 원)로, '모든 게 가능한 사나이Mr. Everything'로 불리는 모하메드 빈 살만 왕세자는 정상회담과 친교 만찬에 이어 다음 날 예정 없이 대통령이 묵는 숙소인 영빈관을 방문해 대통령과 환담을 가졌다. 그리고 대통령의 다음 일정을 위해 대통령의 운전 기사도 자청했다. 직접 운전을 해서 '사막의 다보스 포럼'으로 불리는 미래투자 이니셔티브[FII] 행사장으로 이동했다. 이후 빈 살만 왕세자는 윤 대통령과 동반 입장해 대통령의 연설과 대담을 들으며, 끝까지 자리를 함께했다.

빈 살만 왕세자와 사우디의 한국 사랑은 어디서 비롯됐을까? '포스트 오일 시대'를 준비하는 그들에게 있어 압축 성장의 경험을 가진 우리나라는 매력적일 수밖에 없다. 우리의 기업·산업 경쟁력이 이미 세계 수준에 이른다는 것은 외국에 나가 보면 쉽게 알 수 있다. 삼성전자, 현대자동차, SK, LG 등 대기업을 필두로 물론 반도체, 이차전지, 자동차, 건설, 선박, 원전, 방산 등 다양한 분야에서 높은 기술력과 생산력을 동시에 보여주는 나라는 별로 없다.

그래도 이분들이 있어 '오늘의 기회'가 가능했다고 본다. 수십 년 전 어린 자식과 아내를 두고 한 번도 가보지 못한 '열사의 땅' 중동에서 묵묵히 땀 흘리며 노력한 아버지, 그리고 아버지 세대가 있어 우리 세대가 그리고 우리 아이들 세대가 웃을 수 있는 것이다.

지난 1973년 한국 기업이 알울라-카이바 고속도로 사업을 수주하며 양국 건설 협력은 시작됐고, 이후 1976년 수주한 사우디 주바일 항만공사의 대금 9억 3천만 달러는 당시 우리 정부예산의 4분의 1규모였다고 한다. 공사 기한을 맞추려고 횃불을 밝히

분노조장 시대유감

고 밤샘 작업을 하는 한국 사람들에게서 사우디 사람들은 깊은 인상을 받았고 양국 간 건설 교류는 올해로 50년째를 맞이하게 된 것이다. 어제의 근면 성실함이 오늘의 기회를 낳았고, '네옴시티'라는 더 큰 미래를 함께 그릴 수 있는 것이다. 아버지, 아버지 세대에게 다시 한 번 감사하다는 말씀을 드리고 싶다.

대형 포크레인 옆에서 선글라스를 낀 채 멋진 포즈를 잡고 있는 아버지의 젊은 날 모습을 담은 사진은 7·80년 대한민국 '중동 붐'의 신화, 역사이자 우리 가족의 자랑스런 기록이기도 하다.

한마디 말이
사람을 바꾼다,
인생을 바꾼다

말 한마디가 한 사람의 인생을 바꾼다는 말이 있다. 내가 바로 그렇다. 말 한마디가 한 사람의 인생을 바꾼다는 건 결국 사람에 대한 관심과 배려, 격려가 한 사람의 인생에 하나의 계기를 만들어 준다는 뜻일 것이다.

국민학교(당시엔 초등학교라 불렀다) 2학년 1학기 때 전학을 갔다. 1983년 6월이다. 원래 다니던 학교 '바른생활' 시간에 배운 단원을 전학을 가서 또 배웠다. 바람이 농부의 땀도 공장에서 일하는 분의 땀도 날려보낸다는 내용이었던 같다. 낯선 환경이었지만 배웠던 내용을 또 배운다는 것도 신기했고, 새로운 친구들과 사귀는 것도 좋았다.

지금이야 저출산 고령화에 폐교라는 말이 무덤덤하지만, 1983년 당시만 해도 한 반에 학생수는 100명 가까이 됐고, 학생 수가 너무 많아 제한된 학교 시설로는 감당이 안 돼 오전반과 오후반이 있을 정도였다.

말 그대로 쉬는 시간이 되면 아이들은 교실이든 운동장이든 뛰어놀았고, 뛰어다니는 아이들 덕분에 학교는 더욱 작아만 보였다. 그러다 아이들끼리 소소한 다툼도 일어나기도 했다.

키는 반에서 제일 컸지만 조용하고 싸움에는 관심도 없었던 나는 같은 반 친구의 가방을 들어주곤 했다. 지금 생각해 보면 상하관계도 아닌데 그냥 뭐 들어줬던 것 같다. 그러다 둘 사이에 싸움이 났다. 웬만하면 내가 양보를 해 주는 성격인데, 그날 뭔가 기분이 나빴던 것 같다. 가방을 들어주는 건 '호의'인데, 상대는 '권리'로 생각했던지 내가 가방을 들기 싫다고 하니 나를 때렸다. 반란을 진압하기 위해 무력을 사용한 거다. 그런데 싸움은 싱겁게 끝났다. 싸움에 관심이 없었던 것이지 반에서 제일 컸던 난 힘도 셌던 모양이다. 코피 나면 싸움이 끝나던 사실상의 '신사협정'이 유지되던 시절이라 싸움은 아주 싱겁게 마무리됐다.

그런데 정말 신기한 일이 일어났다. 그 친구와 싸움 한 번 했을 뿐인데 우리 반에서 이른바 관심을 받는 인물 '인싸'가 됐다. 아이들이 나를 정말 좋아했다. 그리고 2학기엔 반장까지 됐다. 6

월에 전학을 온 내가 여름 방학을 거치면서 몇 달 사이 반장까지 된 것이다. 다른 이유를 찾아보려고 해도 아무리 애를 써 봐도 그 이유밖에 없었다. 정말 키만 크고 조용한, 게다가 공부엔 관심이 없는 아이였다. 그런데 내가 2학년 2학기 반장으로 선출됐다. 압도적인 표 차이로 말이다.

대체로 반장 엄마는 바쁘다. 학교 행사는 당연하고 새학기가 시작되면 커튼을 빨고 교실 화분까지도 알뜰하게 챙겨야 해서 반장 엄마는 학교 교무실에 자주 등장했다. 엄마가 학교에 자주 오는 친구들은 어깨가 으쓱했다. 대체로 반장, 부반장 부모님들이었다. 당연히 그래야 했다. 그런데 우리 엄마는 회사를 다녀야 해서 학교에 오시지 못했다. 그런데도 담임선생님은 나에게 왜 엄마가 오시지 않는지 물어보지 않았다. 당시에는 '가정환경조사서'를 통해 가족의 학력과 직업, 재산 등 아주 시시콜콜한 개인정보까지 학교에 제출하는 상황이라 우리 집 사정은 아셨을 것이다. 아마 내가 상처를 받을 수 있어서 아예 나에겐 말을 꺼내지지 않았을까 싶다.

실은 난 초등학교 입학도 혼자 했다. 입학식 사진은 한 장 있다. 친구 엄마가 찍어준 사진이다. 그런데 너무 빨리 철이 들었던 건지 아니면 이런 것에 무심했던지 아무튼 다 이해가 갔다. 아버지는 중동에 계셨고 엄마는 아침 일찍 출근을 해야 하기에 말이다.

2학년 2학기 반장이 된 지 며칠이 지나지 않은 어느 날 오후

분노조장 시대유감

였다.

　수업이 끝난 뒤 청소함을 정리하고 있는데 담임선생님이 조용히 나를 찾았다. 아이들은 이미 운동장으로 집으로 간 뒤라 교실에는 혼자였다. 선생님은 가슴에 한 아름 안고 있던 공책과 연필, 크레파스, 스케치북 등을 내 책상 위에 하나 하나 내려놓으셨다.

　"기홍아 반장된 거 정말 축하하고, 아이들이 기홍이를 좋아하는데 뭐 때문에 그런 거 같니?"

　딱히 떠오르는 말이 없어서 멋쩍은 표정을 짓고 있는 나에게 선생님은 "운동도 잘 하고, 이렇게 마지막까지 청소함을 정리하고, 우유 당번도 하고, 칠판도 지우고 칠판 지우개는 교실 밖에 나가서 털고, 화분에 물도 잘 주고, 화장실 청소도 깨끗하게 하고 그런 솔선수범하는 모습에 그런거야." 선생님의 칭찬에 얼굴이 빨개지자 선생님이 말을 이었다. "기홍아 그런데 반장은 공부도 잘해야 아이들이 좋아하거든. 기홍이는 산수를 잘 하니깐 머리도 좋은 것 같은데 선생님 선물이야. 수업 시간에 질문도 많이 하자." 어깨를 토닥이며 선생님은 자리를 떴다

　책상을 가득 채운 공책과 연필, 스케치북, 크레파스가 눈에 들어왔다. 그리고 선생님의 말이 귓가에 맴돌았다. "반장은 공부도 잘해야 아이들이 좋아하거든." 마침 주산 학원을 다니고 있었고 암산이 1단이라 학교에서 배우는 산수는 쉬운 편이었다. (지금도

가상의 주판 위에 암산으로 엄지와 중지를 이용해 주판알을 튕기며 165를 계속 더해 990을 만든 다음 주판 줄로 옮기는 습관이 있을 정도다.)

나를 믿어주는 선생님의 따듯한 격려의 말 한마디에 '공부'라는 것을 해야겠다는 생각이 들었다. 그날 이후 원래 빨랐던 등교 시간이 더 빨라졌다. 수업 시간에 손을 들어 질문을 했고, 때론 손부터 들고 질문에 대한 답을 생각하기도 했다. 운이 좋았던 것 같다. 주산 실력에 산수는 100점을 맞았고, 산수 100점을 맞으니 이뤄냈다는 성취감과 함께 뭔가 나도 잘할 수 있다는 자신감이 생겼다. 산수를 통해 느낀 그런 감정이 다른 과목에 대한 관심과 흥미로 이어졌고, 운이 좋게도 다른 과목들도 성적이 올랐다. 목표를 세우고 과정을 채우면서 동시에 그 과정에 의미를 부여하면서 긍정적 결과까지 얻게 된 셈이다. 결국 선생님의 바람대로 공부 잘하는 반장이 됐다. 공부도 잘하는 반장 말이다.

담임 선생님은 당시 상당히 젊으셨다. 기억 속의 선생님보다 훨씬 나이가 많은 내가 아직도 선생님 앞에서 작은 아이가 된다는 게 신기하다. 선생님의 관심과 배려가 나를 춤추게 했다. 공부로 관심을 이끌었고, 할 수 있다는 자신감을 주신 것이다.

선생님에 대한 감사한 마음을 전하면서 나도 과연 선생님처럼 누군가에게 힘이 되는 말을 하고 사는지, 바쁘다는 핑계로 누군가의 호의를 무시하면서 누군가에게 힘이 될 수 있는 상황에 있으면서도 그러지 못한 건 아닌지 생각해 본다.

'실패'는 없다.
다만 '더딤'이 있을 뿐이다

선생님의 말 한마디에 인생이 바뀌었다고 해도 과언이 아니다. 공부를 한 만큼 성적이 잘 나왔다. 고 3때까지였다. 1994년 대학입시에서 시원하게 미끄러졌다. 학력고사 대신 수학능력시험이 도입됐고, 주요 대학에선 본고사가 부활했다. 수능은 8월과 11월, 두 차례 치러졌는데 '난이도 실패'로 대참사가 일어났다. 아마 지금이었으면 교육부 장관이 교체돼야 하는 심각한 문제였다. 그래도 나름 열심히 준비했고 시험을 보고 학교를 나오는 길에 한 기자가 시험이 어땠냐는 질문에 과목별 분석까지 해 줬는데, 결과는 '불합격'이었다.

지금이야 편하게 말할 수 있지만 당시로선 충격 자체였다. 항상 공부 잘한다는 얘기를 듣고 살아왔고 시험지를 받아들고 자신있게 풀고 나왔는데 낙제, 낙방이라니…. 한없이 작아졌다. 합격했다는 친구들 소식에 '축하한다'는 말을 했지만 그래도 억울했다.

2월 재수학원에 등록했다. 새벽에 일어나면 올해는 꼭 간다는 생각으로 마음을 다잡았다. 새벽에 갔다. 밤늦게 집으로 돌아왔다. 그러다 3월 말인가 4월 초 일요일 낮에 안양천을 버스 타고 지나가다 안양천 주변에 활짝 핀 개나리를 보고 울컥했다. 해가 뜨기 전 버스를 타고 해가 진 뒤 버스를 타고 돌아오다 보니 개나리가 이렇게 활짝 개화한지도 몰랐던 거다. 한편으로는 대견스러웠다.

"계절의 변화도 모르고 열심히 했구나."

그해 대학입시 결과는 '합격'이었다. 그날 엄마와 아버지의 얼굴 표정은 잊을 수가 없다.

분노조장 시대유감

'나만 잘났다'
아니
'나도, 너도 잘났다'

나에게도 '재수'라는 과정은 의미가 크다. 초등학교 2학년 담임선생님의 격려로 공부에 흥미를 갖게 되고 자신감이 붙으면서 '내가 잘났다'는 생각으로 살아왔던 것 같다. 그러다 대학에 떨어지면서 내가 한없이 작아졌다. 하지만 재수를 통해 그 과정을 이겨내면서 '내가 잘났다'는 생각이 다시 들었다. 그런데 이전의 '내가 잘났다'와 재수 이후 '내가 잘났다'는 질적으로 차원이 달랐다. 이전에는 '세상의 중심'이 나인 양 '나만 잘났다'였다면 재수 이후엔 '나도 잘났고, 너도, 다른 사람도 잘났다. 그리고 나도 잘난 면이 있지만 나도 부족한 면이 있다'는 생각이 들었다. 내가 부족한 건 당연히 나보다 잘난, 나보다 잘 아는 사람들로부터 도움을 받거나 지적을 받을 수 있는 것이다. 모든 사람은 신이 아닌 이상 장단이 있게 마련인데, 그걸 받아들이기가 쉽지 않다. 나에 대해 온전하게 '들여다보기'와 다른 사람에 대한 인정과 존중이 생긴 것이다. 이건 단지 사람에 대한 문제를 넘어 세상에 대한 인식과 이에 따른 행동에도 큰 영향을 주게 됐다.

　사람들은 흔히 재수는 '실패'라고 한다. 하지만 나에겐 '실패'가 아니라 '시간의 더딤'일 뿐 나를 온전하게 바라보고 다른 사람들을 인정할 수 있는 계기가 된 의미 있는 과정이었다. '젊었을 때 실패는 사서 하라'는 말이 빈말은 아니다. 실패는 내가 어떻게 받아들이고 다음 행동에 어떻게 반영하느냐에 따라 과거라는 실패의 성격이 달라는 것이다. 현재의 내가 어떻게 인식하고 행동하느냐에 따라 미래만 결정되는 게 아니라 과거의 의미까지 바꿀 수 있다는 측면에서 시간을 거슬러 오르는, 시간이 역방향으로 흐르는 것 같기도 하다.

뜨거운 가슴으로
보낸
젊은 나날

대학 생활은 '뜨거운 가슴을 지닌 채 보낸 바쁜 나날'의 연속이었다.

1995년 3월 입학하자마자 동기, 선배들과 역사, 철학 공부 등 다양한 학회에서 많은 이야기를 나눴고 정부 비판과 사회 모순에 대한 해법 등 치열한 논쟁은 늦은 술자리로까지 이어졌다. 내가 교과서를 통해 배운 지식과 상식, 언론을 통해 비춰진 모습과 '현실' 사이에는 상당히 폭이 넓은 거리감이 느껴졌다.

대학의 봄은 분주했다. 신입생 환영회를 시작으로 '4·19 뜀박질', 메이데이(노동절) 전날 밤 학생들이 '노동자와의 연대 결의'

를 다지는 4·30 행사와 다음 날 5월 1일 메이데이 참석까지 '1
박 2일의 노숙 투쟁'에 동참했다.

그리고 지하철공사장 가스 폭발 사건이 일어난 대구의 경북대
에서 열린 한총련 출범식에 참석했고, 5·18기념식에서 희생자
를 추모하기 위해 광주도 찾았다. 현장의 소리에 귀 기울였고, 진
실에 목말랐다. 그들의 목소리에 내 목소리를 더했다. 외쳤다. 그
렇게 그렇게 현장으로 거리로 나갔다.

김영삼 정부(문민 정부) 들어 대형 사고가 잇따랐다.

'빠르게 빠르게' 산업화 속도전에 '개발' 논리가 중시되다 보니
'안전'에 대한 인식과 조치는 상대적으로 더뎠다. 쌓았던 문제점
이 연이어 터졌다. 고도 성장기에 이뤄낸 결과물들의 구조적 문
제가 여실히 드러났다. 1994년 출근길 한강의 다리, 성수대교
가 붕괴되고 이듬해에는 대구지하철 공사장 폭발사고가, 그리고
몇 달 후 강남 도심 한복판 삼풍백화점은 속절없이 내려앉았다.
앞서 1993년 바다에선 서해페리호가 침몰하고, 하늘에서 아시
아나항공기가 추락했다. 시간이 갈수록 좁은 다리 위 몸집은 점
점 커졌는데 상대적으로 난간의 높이는 처음부터 낮게 설정, 설
계됐고, 강도도 약해지고 있었던 것이다. 문민 정부는 '사고 공화
국'이라는 오명을 지게 됐다.

1997년엔 '국가부도' 사태에 빠졌다. 국가가 자신의 채무를
상환하지 못하게 되는 상황에 이르게 된 것이다. 정초부터 한보
철강의 부도를 시작으로 삼미, 진로, 기아, 쌍방울, 해태, 뉴코아,

　　　　　　　　분노조장 시대유감

한라그룹 등 대기업이 연쇄적으로 도산했다. 대마불사大馬不死 신화도 깨졌다. 규모가 큰 기업이나 금융기관이 도산하면 연이어 수많은 기업 등 경제 주체들이 피해를 봐서 정부가 반드시 구제한다는 이제까지의 논리가 무너졌다.

1996년 한국이 선진국들의 모임이라는 경제협력개발기구, OECD에 가입한 지 1년 만에 국가부도(외환위기)를 맞게 됐다. OECD가입을 위해 너무 성급하게 금융·자본시장을 개방해 위기가 촉발해 '샴페인을 너무 일찍 터트렸다'는 비판이 제기됐다.

'문민정부' 출범 30주년을 맞은 올해 김영삼 전 대통령에 대한 재평가가 이뤄지고 있다. 김영삼 정부는 군부 출신의 대통령이 아닌 민간인 최초의 정부라는 의미에서 '문민 정부'로 불렸고 집권 초기부터 '개혁'에 방점을 뒀다.

취임 이틀 후 과감하게 공직자 재산 공개를 추진했고, 군부 사조직인 하나회를 전격 해산, 척결했다. 군부 쿠데타의 가능성을 아예 차단해 버렸다. 나아가 '역사 바로 세우기' 기치를 걸고 전직 대통령에 대한 사법단죄에 나섰다. 아울러 경제 개혁 조치도 단호했다. 투명사회로 나아갈 수 있는 토대가 된 '금융실명제 도입'은 국회에서 법안으로 만들면 제대로 이뤄질 수 없다는 판단 아래 '군사작전'하듯 '대통령 긴급재정 경제명령'에 의해 이뤄졌다. 밤 8시였다.

개혁과 쇄신, 부패 일소에 국민은 환호했고, 지지율은 한때

80%를 넘어서기도 했다. 권위시대가 막을 내리면서 당시 대통령을 소재로 한 정치 유머집《YS 못말려》는 많은 분 사이에서 회자됐다.

분노조장 시대유감

인천공항건설 저지투쟁
그리고
뒤늦은 후회

1990년 중후반 대학사회 운동 진영은 '민족해방'을 기치로 내건 NL^{National Liberation}과 '민중민주'를 기치로 내건 PD^{People's Democracy}로 양분됐다. 엄밀히 말하면 한총련 주류였던 NL은 대한한국 사회의 모순이 '분단체제'에서 기인했다고 규정하고 '통일''반미'를 주장했다. 반면 PD는 한국사회를 '신식민지국가독점자본주의 체제'로 보면서 노동과 환경운동에 집중했다.

서울대와 고려대 등 서울의 주요 대학 총학생회를 PD출신 후보들이 장악했다. 특히 1996년 12월 정리해고제 등이 담긴 노동법이 통과되고, '비정규직''파견제 근로' 등 지금은 익숙하지만 당시엔 생소한 단어가 등장하면서 노동 이슈는 부각됐다.

더불어 환경 이슈도 떠올랐다. 당시 PD계열 학생 진영의 중요한 목표는 인천국제공항건설저지 투쟁이었다. 영종도와 용유도 사이의 갯벌을 매립해 만드는 공항은 침하 위험이 있어 안전하지도 않고, 자연 생태계를 파괴할 뿐만 아니라 안개가 자주 끼어 공항으로서 제 기능을 하지 못한다는 논리였다. 무엇보다 김포 국제공항이 있는데 굳이 환경을 훼손하면서 인천국제공항을 짓는 건 '건설사''재벌'의 배만 불린다는 생각이 강했다.

하지만 지금 이런 얘기를 하면 주변의 반응은 "정말 그런 일이 있었어? 설마." 하고 신기해한다.

인천국제공항은 24시간 문제없이 돌아가고 있고, 대한민국의 '관문'으로 우리 국민의 자랑거리 중의 하나이다. 인천공항의 지난해 항공화물 물동량은 295만 톤을 기록하며 국제공항협의회ACI 기준 2년 연속 항공화물 세계 2위를 지키고 있다. 서비스면에선 1위다. 국제공항협의회ACI가 인증하는 '고객경험인증 프로그램'에서 전 세계 공항 중 처음으로 가장 높은 단계인 5단계를 두 번 연속 인증받았다.

인천공항을 이용할 때마다 세계 어느 공항보다도 쾌적하고 편리하다는 생각이 드는 동시에 지난 시절의 외침과 주장에 대해 멋쩍은 느낌은 지울 수 없다. 아니 그런 느낌을 넘어 반성한다. 후회한다.

당시 아무리 '환경을 지키겠다'는 선한 의도를 가지고 있었고,

176　　　　　　　　　　　　　　　　분노조장 시대유감

누군가 돈을 주거나 경제적 이해 관계가 없었다고 해도 한쪽 진영의 논리에 매몰돼 정부 정책과 수치를 믿으려고 하지 않았고 도리어 정부가 자본과 재벌의 편이라는 프레임으로 세상을 본 편협한 시각을 반성한다.

IV 나는 왜 정치인이 되고자 하나?　　　　　177

아버지,
아버지 세대에
죄송하다

아버지는 당시 아들의 행동에 걱정이 많으셨다. 말리는 아버지에게 "세상은 구조적 모순에 놓여 있고, 누군가 행동해야 한다. 그렇다면 나부터 해야 한다."고 강하게 말씀드렸다. 내 입장에선 아버지는 뭔가 제대로 모르고 있다는 생각이 팽배했다. 대학 가서 세상을 제대로 본 듯, 아버지의 말은 귓등으로 들었다. 내 인생은 내가 알아서 한다는 오만함이 배어 있었다.

부모 세대보다 더 많은 교육을 받고 있다는, 받았다는 생각에 세상을 '분노 섞인 울분'으로 바라보며 세상에 속고 있는 아버지에게 아버지 세대에게 호소하고 설득했다.

분노조장 시대유감

그런데 당시에는 잘 몰랐지만 나이가 들수록 뚜렷해진다. 세상은 복잡하고 칼로 무 자르듯 그렇게 이분법적으로 나눠지 않는다는 것을⋯.

무엇보다 개개인의 삶의 무게는 다 존중받아야 한다. 어떤 일을 하든, 어떤 위치에 있건 그건 중요하지 않다. 시혜적 입장에서 나의 생각이, 행동이, 삶의 방식이 우월하다는 생각에 계몽적 관점에서 누구를 설득하고 가르쳐야 한다는 생각을 버렸다.

박정희 시대 1960, 70년대 누구보다 묵묵하게 하루하루를 성실하게 사셨을 당신에게 그 안에서 행복한 가정을 꾸렸을 당신에게, 그 이후 태어난 세대들이 아버지 어머니 덕분으로 훌쩍 커버린 뒤 '역사적·상황적 고려 없이' 던지는 비판과 질문이 때론 '아픔'과 '자기 부정'으로 다가갔을 것이란 생각이 나를 엄습한다. 나를 반성케 한다.

사우디아라비아 건설현장에서 가족을 위해 땀과 눈물을 흘린 아버지, 아버지에 대한 고마움과 그리움이 담긴 편지, 수기가 당선돼 엄마 손을 잡고 간 건설 회사, 회사에서 상품으로 받은 큰 가스레인지를 들고 집으로 돌아올 때 들른 식당과 집으로 돌아오는 버스 안 풍경, 그리고 포장지를 벗겨내고 가스레인지를 박스에서 꺼내 집의 터줏대감 역할을 해 온 곤로를 치우고 가스레인지를 놓을 때 엄마의 표정, 작은 키에 맞게 놓여진 보글보글하게 끓는 찌개, 위로 상승하다 사라지는 김(기체)의 그럴싸한 모습은 40년이 넘게 지난 지금도 눈앞에 선하다. 아버지, 아버지 세대, 어머니, 어머니 세대는 위대하다.

박정희 시대의 문제점을 외면하거나 미화하고, 옹호하고자 함이 아니다. 공과功過가 있을 때 온전하게 바라보지 못한 채 과過에 지나치게 매몰돼 공功을 배제하는 우愚를 지적하고 반성하고자 함이다.

분노로 세상을
바꿀 수 없다.
나는 반성한다

아무리 '선한 의도'를 가지고 아무런 '이해 관계없이' '경제적 이득이 없이' 학생 운동Movement을 하더라도 '선한 결과'를 담보하지 못한다는 것을 그리고 세상은 복잡하고 엄중하다는 것을 알았다. 의식적이든 무의식적이든 주변 사람들의 영향을 받은 상태에서 '상대방에 대한 적의敵意'로 인해 더욱 제한된 정보를 가지고 생각하고 행동할 수밖에 없는 것이다. 특히 "내(우리)가 정의롭다."는 말은 '내'가 혹은 '우리'라는 주어로 들어가 완성될 수 있는 문장이 아니라 물리적 시간이 지난 뒤 역사적 평가를 통해 "그들은 정의로웠다."라는 이렇게 '3인칭 과거형'으로 이뤄질 수 있다는 것을, 이뤄져야 한다는 것을 알았다.

순수한 선한 의도를 가진 학생들도 아닌 이해 관계가 실타래처럼 얽힌 정치집단에서 "우리는 정의롭고 너희는 정의롭지 못하다."라는 프레임으로 상대를 악마화하려는 모습을 보면 무섭기까지 하다.

본인들의 주장을 위해 상대를 '약자를 괴롭히는 기득권'으로 만드는 일을 태연하게 반복했고, 정부 정책에 대해선 서슴없이 선전선동, 괴담을 통해 그리고 조직적인 분노를 통해 반대했다. 더 나은 대안을 찾기 위한 국회 본연의 기능은 마비됐다. 때가 되면 거리로 나갔고, 모였고 때가 되면 정부 심판, 탄핵을 외쳤다.

2008년 광우병 사태가 그러했다.

2016년 사드(고고도 미사일 방어 체계) 괴담이 그러했다.

그들은 여세를 몰아 2023년 여름 후쿠시마 오염수 괴담을 퍼트렸다.

미국산 소가 수입돼 먹으면 뇌가 스펀지처럼 뚫리고 사지가 마비되며 고통스럽게 죽게 된다고 했고, '파송송 계란탁'이라는 영화 제목을 패러디해 만든 '뇌송송 구멍탁'이라는 말은 국민들의 마음속 깊은 곳에 공포를 집어넣는 데 성공했다. 공영방송 KBS, MBC가 앞다퉈 광우병 시위 현장에 나온 학생과 유모차를 끌고 나온 엄마들을 클로즈업하며 사실상 생중계했다. 과학적 팩트는 온데간데없고 터무니없는 과장과 괴담에 근거했지만 감성과 분노가 더해지면서 시청 앞은 연일 사람들로 넘쳐났다. 지금은 정말 그랬을까 하지만 당시 국민 3분의 2 이상이 괴담을 믿었다는 얘기도 있다.

그런데 정작 2008년 미국산 쇠고기 수입 반대 시위에 참여했던 한 시민단체 대표는 고백했다. 애초 광우병 시위의 본질은 '선거 불복이자 정권 퇴진 운동'이었다고 말이다.

민경우 대안연대 공동대표는 지난 7월 '야당의 후쿠시마 오염수 괴담 선동'이란 주제로 특강을 진행하며 "2008년 당시 광우병 문제가 있어서 이명박 정권 퇴진 운동이 벌어진 게 아니고, 이명박 퇴진이 먼저 있었고 그 분위기가 충만한 가운데 광우병이 얹힌 것"이라고 밝혔다.

민 대표는 "광우병 싸움을 전체적으로 요약하면 투쟁의 핵심은 이명박 퇴진·탄핵이고 그 기저에 깔려 있는 정서는 선거 불복"이라며 "후쿠시마 오염수 사안에 대한 함의를 소개한다면 양자 모두 선거 불복을 골자로 한 반정부 투쟁이라고 생각한다"고 설명했다.

한 언론과의 인터뷰에선 민 대표는 이렇게 고백했다.

"괴담 선동 정치의 근저에는 선한 무리가 악한 무리를 타도해 이상적인 사회를 만들어야 한다는 운동권의 세계관과, 사실과 과학적 지식은 이런 정무적 판단에 종속돼야 한다는 그들의 진

리관이 반영돼 있다.

선동세력들은 광우병이든 후쿠시마 오염수든 과학적 진실엔 아무런 관심이 없다. 오직 선거 불복과 반정부 투쟁이라는 강력한 정치적 동기만이 살아 움직이고 있다. 이런 선동 괴담 정치는 다양한 형태로 계속 이어지며 내년 총선에서 정점을 찍을 것이며 이를 이용하는 세력들은 반드시 심판해야 한다."

광우병 사태로부터 8년 뒤 당시 더불어민주당과 시민단체는 또 다시 괴담을 전염병처럼 퍼뜨렸다. "사드 전자파가 참외를 썩게 한다.""성주 참외가 전자레인지 참외가 될 것이다." 심지어 '사드 반대 성주군민 촛불집회'에 참석한 민주당 의원들은 머리에 가발을 쓰고 탬버린을 흔들며 춤췄다. 가수 인순이 씨가 부른 '밤이면 밤마다'를 개사해 "외로운 밤이면 밤마다 사드의 전자파는 싫어. 강력한 전자파 밑에서 내 몸이 튀겨질 것 같아."라고 노래 불렀다.

하지만 괴담과 공포의 힘은 오래가지 못했다. 경북 성주 참외의 올해 2023년 매출이 6000억 원을 넘어섰다고 한다. 역대 최고 기록이다. 그리고 성주 사드 기지에 대한 환경영향평가도 지난 6월 완료됐다. 정부는 지난해 환경영향평가 협의회를 구성해 한국전파진흥협회 등 각 분야 전문가들과 기지 건설 적절성 등을 조사한 결과 사드의 전자파는 인체 보호 기준의 0.2% 수준인 것으로 확인됐다.

분노조장 시대유감

그런데도 야당은 올 여름 후쿠시마 오염수 공포 마케팅에 열을 올렸다. 한 민주당 의원은 "저는 X을 먹을지언정 후쿠시마 오염수, 먹을 수 없다."고 공개적으로 발언했다. 광우병 선동 당시 '미국산 소를 먹느니 청산가리를 먹겠다'는 의식 있는 여배우의 발언과 맥을 같이 한다. 늘 그렇듯 촛불집회에서 시작돼 대규모 인원이 동원되는 규탄집회로 이어졌다. 하지만 이번엔 달랐다. 조직적으로 동원되는 인원은 있어도 자발적인 국민 참여는 없었다. 수산물 소비도 줄지 않았다. 한여름 더위가 꺾이면서 야당은 후쿠시마 오염수 문제를 굳이 전면에 내세우지 않고 있다. 질서 있는 출구전략을 구사하고 있다. 늘 그렇듯 이번에도 사과는 없다.

광우병과 사드, 후쿠시마 오염수의 공통점은 많다.

일단 괴담이 과학보다 힘이 세다. 결국 과학과 팩트, 수치가 승리하지만 괴담이 판을 치는 시간은 제법 길다. 그 사이 누군가의 삶은 무너진다. 회사가 문을 닫게 되고 누군가는 직업을 잃게 된다. 경제적 비용뿐만이 아니라 사회적 갈등 비용도 상당하다. 다행인 건 영향력이 줄어들고 물리적인 시간이 점점 짧아지고 있다는 것이다.

둘째, 언제나 민주당이 야당이 됐을 때 이 문제를 활용한다. 집권여당일 때 이런 일이 발생한 적이 없다. 대안을 얘기하기보단 사람들의 우려와 걱정, 분노를 활용해 결국 본인들이 하고 싶은 말을 꺼낸다. 정권 심판, 탄핵이다. 기저에는 앞선 선거의 패배를 인정하고 싶지 않은 동인, '선거 불복'이 깔려 있다.

　셋째, 이 부분이 가장 큰 문제인데, 언제나 그렇듯 반성하지 않는다. 조사를 통해 과학을 기반으로 팩트와 수치가 나와도 '나 몰라라' 한다. 무시하기 일쑤다. 반성하지 않으니 사과할 리 만무하다. 야당을 지지하는 분들도 마찬가지다. 잘못을 하면 사랑의 매를 때려야 하지만, 반성을 요구하지도 않고 여전히 강력한 지지를 보낸다. 여전히 '우리 민주당, 야당은 진보는 정의롭고, 기득권으로부터 핍박과 억압을 받고 있다'고 서사 구조는 공고하다.

정치는 결과로 말한다.
책임 윤리의 중요성

막스 베버는 그의 저서 《직업으로서의 정치》에서 신념 윤리와 책임 윤리를 언급한다. 신념 윤리는 대의와 올바름에 대한 신념을 추구하는 자세를 말하는데, 결과는 염두에 두지 않는다. 선한 의도와 신념을 가지고 했으면 그 결과에 대해선 책임을 지지 않아도 된다는 입장이다.

하지만 정치에 있어 '책임'이라는 측면을 간과하게 되면, 정치의 목적이 이해와 갈등을 조정하고, 질서를 잡는 행위라고 규정할 때 그 목적에도 부합하지 못하다. 따라서 자신 행위의 결과로 일어날 일들을 미리 예측하고 준비해서 그 결과에 책임을 지는

'책임 윤리'가 중요하다.

신념 윤리에 기반한 젊은 날의 주장과 구호는 그나마 이해되는 측면이 있지만 이해관계로 얽히고설킨 정치권에서 애초부터 '선의善意'라는 것은 만들어진 '명분'과 그럴싸한 '포장'이며 기득권으로 정점에 서 있으면서도 여전히 "의도는 좋지 않았느냐"며 책임 앞에서 도망가는 건 단지 무책임한 자세일 뿐이 아니라 정치인으로서 가장 기본인 안 된 '함량 미달'이라고 할 수밖에 없다.

더구나 젊은 시절 운동Movement을 했다는 이유로 이를 '훈장' 삼아 국회로 입성해 순혈주의로 카르텔Cartel을 만들어 누구도 넘볼 수 없는 성역聖域을 구축한 그들의 행동은 역사를 정방향으로 만드려는 수많은 사람의 삶의 무게를 무시하는 처사다. 젊은 시절부터 현장에서 묵묵히 운동Movement하는 분들의 피, 땀, 눈물 그리고 진심과 열정, 노력을 송두리째 빼앗아 버리고 그들의 진정성까지 '깃털'처럼 가볍게 만드는 '악행惡行'에 가깝다.

분노조장 시대유감

V

언론인 김기흥에서
이제 언론이 보는 김기흥

시사저널 선정
'2023 차세대 리더' 100인
대통령실이 인정한 '대통령의 입'

대통령실 대변인은 보통 안팎으로 인기가 없다. 업業의 본질이 그렇다. 안에서는 언론을 향해 "너무 많이 알린다."고 질타를 받고, 밖에서는 기자들이 "너무 안 알려준다."고 아우성을 치기 때문이다. '대통령의 입'으로 산다는 것은 매일 전쟁 같은 하루를 치른다는 뜻이다. 말 한마디 잘못하면 정국이 요동친다. 그러니 안에서도 밖에서도 대변인은 공격 대상 1순위가 된다.

그런데 이 남자는 사뭇 다르다. 대통령실 관계자들을 향한 시사저널의 '차세대 리더를 추천해 달라'는 요청에 김기흥(48) 대통령실 부대변인의 이름이 가장 많이 나왔다. 나이와 직급의 높

낮이를 가리지 않고 그는 고른 추천을 받았다. 추천 이유는 다양했다. 선임행정관 이상의 직급에서는 그의 업무 능력을 평가했다. 업무 처리가 빠른 데다 꼼꼼하기까지 하다는 평가였다.

행정관급에서는 그의 태도에 대한 이야기가 많이 나왔다. 살인적인 업무 강도를 견뎌내면서도 늘 차분한 자세를 유지하는 점, 언론의 빗발치는 공격에 전쟁 같은 상황이 펼쳐져도 제일 먼저 최전선으로 나가는 점 등이 거론됐다. 김 부대변인과 매일 전쟁을 하는 기자들의 평가는 어떨까. 놀랍게도 대통령실 내부의 평가와 궤를 같이하는 이야기가 상당수였다. 대통령실 출입기자들은 그의 프로다움을 인정했다. 다만 KBS 기자 출신으로 사표를 내자마자 윤석열 캠프로 직행해 논란을 일으킨 점은 여전히 꼬리표처럼 남아 있다.

윤석열 대통령의 정치 참여 선언 당시부터 윤 대통령을 보좌한 김 부대변인에 대해 곧 새로운 도전에 나설 수 있다는 관측이 나온다. 내년 총선 출마 가능성이 점쳐지는 것이다. 지역구로는 인천 연수을이 유력하게 거론된다. 차세대 리더 선정에 대한 소감을 묻는 인터뷰를 극구 사양한 김 부대변인은 과연 국민의 마음도 사로잡을 수 있을까

〈시사저널〉 1775호, 2023.10.23. 김종일 기자

분노조장 시대유감

'尹 원년멤버' 김기홍
"내년 총선은 '대선 3라운드'…
승리 완성하겠다"

[인터뷰] 내년 총선 인천 연수을에 도전장 낸 김기홍 대통령실 전 부대변인

"총선 승리 핵심은 결국 공천…尹대통령 빚진 것 없어 국민 바라볼 것"

윤석열 대통령의 '원년멤버' 중 한 명인 김기홍 대통령실 전 부대변인이 내년 총선 출사표를 던졌다. 그는 지난 11월 4일을 끝으로 대통령실을 나오면서 지난 2021년 6월 이마 빌딩에서부터 시작된 윤 대통령의 참모 생활을 마무리했다. 2021년 6월 말

정치 도전을 준비하던 윤석열 당시 전 검찰총장은 20년 가까이 KBS 기자로 근무하던 김 전 부대변인에게 합류를 권했다.

　김 전 부대변인은 윤 대통령이 매우 신뢰하는 참모 중 한 명으로 평가된다. 대선 과정에선 지근거리에서 윤 대통령을 수행하기도 했고, 캠프와 대통령실에서 공보와 대변인직 등을 맡으며 취재진과 실무진들로부터 두루 호평을 받았다. 그는 현재 정일영 더불어민주당 의원의 지역구인 인천 연수을에 도전한다. 김 전 부대변인이 10년 넘게 거주하며 아이들을 키운 곳이기도 하다. 그가 내년 총선에 나서는 이유는 뭘까. 시사저널이 11월 5일 김 전 부대변인과 만나 들어봤다. 김 전 부대변인의 대통령실 퇴직 후 첫 언론 인터뷰다.

- 대선을 거쳐 1년 반 동안의 대통령 참모 생활을 마치고 총선에 뛰어드는 각오가 남다를 것 같다.

- ● 도전하는 위치에서 질문을 통해 정권교체를 이뤄내는 데 조금이나마 역할을 했다면 국정운영의 한 축인 대통령실에서 답변을 통해 국정철학을, 정책을 풀어가는 데 역할을 했다. 대통령 중심제를 생각해 보면 권력이 대통령에게 있는 것 같지만, 사실 권력은 국회에 있다. 특히 의회 다수를

점하고 있는 야당에 있고 대통령에게는 '권한'이 있는 것이다. 국민으로부터 선택받은 윤석열 정부가 전임 정부처럼 정권 유지를 위한 지지율 제고용 포퓰리즘 정책이 아니라 지속가능한 대한민국을 위해 미래에 방점을 두고 국민에게 제대로 봉사할 수 있도록 국회 권력 지형의 변화가 필요하다고 본다. 정권교체가 끝이 아니라 성공적인 국정 운영이 중요한 만큼 대통령실 밖에서 더 열심히 해야겠다는 절실함을 갖고 임하고 있다.

• 윤석열 대통령과 정치 도전 시작부터 함께 했던 '원년멤버'로서 부담감도 있을 텐데.

•• 초기 멤버들이 상대적으로 많이 알려진 부분이 있어 원년멤버라고 표현되지만 시작부터 대선까지 많은 분들이 고생했다는 점을 꼭 말하고 싶다. 윤 대통령의 정치 선언부터 함께하면서 분명 애정이 있고 더 책임감도 든다.

• 본격적인 정치인의 길, 총선 도전에 나서기로 결심한 이유는 뭔가.

• • 사람들은 이번 총선을 대선 3라운드로 보는 측면이 있다. 대선 승리를 일구는 데 조금이나마 보탬이 된 사람으로서 총선이라는 현장에서 치열함을 통해 대선 승리의 마지막을 완성하고자 한다. 이번 총선은 결국 대한민국이 미래로 나아가느냐 아니면 현상 유지, 아니 과거로 퇴행하느냐의 싸움이다. 이번 총선을 관통하는 시대정신은 '세대교체'라고 생각된다. 더 이상 누군가의 분노와 진영 논리를 통해 자신의 기득권을 유지하는 정치 세력은 교체돼야 한다고 본다. 단지 나이가 젊다는 것을 의미하는 게 아니다. 생물학적 나이를 넘어 새로운 시각과 도전 정신, 그러면서도 언행이 진중하면서도 책임감을 갖고 있는 분들이 국회에 많이 들어가야 한다고 본다.

• 인천 연수을 차출설이 꾸준히 있었고, 출마를 결심한 것으로 안다.

• • 지역 분들께서 저를 좋게 평가해 주셨고, 언론사에서 취재하는 과정에서 차출이라는 표현이 나온 것 같다. 감사할 따름이다. 저는 인천에서 태어나진 않았지만 2012년 인천 송도에서 살기로 아내와 결정하고 이사해 10년 넘게

분노조장 시대유감

살고 있다. 첫 아이가 초등학교 들어가기 전부터 초등학교 병설유치원을 송도에서 다녔고, 초등학교, 중학교를 거쳐 내년엔 고3이 된다. 둘째 또한 송도에서 초등학교를 나와 중학교에 다니고 있다. '송도 아빠'인 셈이다. 송도에서 살고, 송도에서 아이들을 키워보니 송도 아빠로서 뭐가 좋은지, 뭐가 아쉽고 뭐가 부족한지를 안다. 그렇다면 제가 아쉬움과 부족함을 어떻게 채울 수 있는지 그런 고민 끝에 도전을 하기로 마음먹었다.

• 현재 민주당 지역구로 험지라는 평가도 있는데.

•• 사실 쉬운 곳은 아무 데도 없다고 생각한다. 누구나 당선되기 쉬운 곳으로 가고 싶은 마음은 있겠지만 이번 선거는 절실함을 갖고 쇄신하고 변화하는 쪽이 이긴다. 윤 대통령도 변하기 위해 노력하는 가운데 저 역시 윤 대통령이 정치 도전을 선언할 때 합류했던 사람으로서 많은 사람들이 저를 지켜볼 수 있다고 생각한다. 어렵겠지만, 이러한 노력을 통해 평가를 받아야 한다고 생각한다.

• 윤 대통령과는 원래부터 인연이 있었나.

• • 일면식도 없었다. 정확히 2021년 6월 21일에 갑자기 당시 윤석열 전 검찰총장 측으로부터 연락을 받았다. 이틀 정도 고민한 뒤 직접 (윤 전 총장을) 만나보고 결정하겠다고 했다. 6월 24일에 서초동에서 만났고 다음 날 KBS에 사표를 냈다. 사적 인연이 없었기 때문에 더 객관적으로 볼 수 있다고 생각한다. 조국 사태를 거치면서 당시 문재인 정부와 민주당이 잘못을 인정하지 않는 모습을 보면서 변화가 필요하다고 느꼈다. 많은 이들의 변화에 대한 열망, 시대정신을 온전하게 담아낼 수 있는 그릇이 필요하다고 생각했다. 진영 논리를 떠나 원칙을 갖고 뚝심 있게 해왔던, 공정과 상식을 온전하게 구현할 수 있는 이는 윤 전 총장뿐이었다.

• 가까이에서 본 윤 대통령은 어떤 사람인가.

• • 수행을 하게 되면서 놀랐던 건 신뢰였다. 제가 합류하고 나서 바로 본인이 타는 차인 1호차에 태우시더라. 1호차라는 게 수시로 논의를 하고 결정이 이뤄지는 곳인데 이전에 아무런 관계가 없던 저나 수행팀장이었던 이용 의원을 태우신 거다. 일각에선 윤 대통령이 자기 사람만 쓴다

는 얘기도 있는데 사실 한덕수 총리나 김대기 비서실장, 김규현 국정원장 등 모르는 분들을 임명하신 경우가 상당히 많다. 이런 부분들을 보면서 윤 대통령은 정말 일 중심적으로 사고하고, 한번 믿으면 깊은 신뢰를 주는 사람이라는 걸 느낀다. 또 제가 본 윤 대통령의 가장 큰 장점은 해내는 리더십이다. 일본과의 관계 개선 등을 해내는 과정을 보면 정치적으로 손해를 보더라도 해야 할 일을 해낸다는 것이다.

• 윤 대통령의 국정 운영 태도가 독선적이라는 비판도 있다. 강서구청장 보궐선거 참패의 원인으로도 지목이 됐는데.

• • 공통적으로 방식과 태도에 대한 부분에 있어 지적을 하지만 국정 방향과 정책에 대해선 평가가 좋다고 언론이 보고 있다. 그럼에도 '왜 내 마음을 몰라줘.' 이럴 수는 없다. 정치는 실체적인 부분이 있더라도 그 외에 표현되고 해석이 되는 부분까지 감안해서 책임을 지는 것이라고 생각한다. 윤 대통령부터 '국민은 언제나 옳다.''모든 책임은 내가 지겠다.'면서 국민이 옳다고 생각하는 방향으로 가고 계신다고 본다. 앞으로 대통령실 역시 쇄신의 노력과 민생 경

제 중심 운영을 통해 책임 있는 자세를 보여야 한다고 생각한다.

• 내년 총선에서 여권이 승리하기 위해 가장 중요한 건 뭐라고 보나.

• • 핵심은 결국 공천이다. 선거가 구도 싸움이라고 하는데 사실 아니다. 2016년 총선을 보면 민주당이 분열되면서 새누리당(국민의힘 전신)이 180석, 200석을 얘기했다. 그런데 진박 공천이 벌어지고, 옥새 파동을 거치면서 국민들이 '얘네 오만하다'고 보니 진 거다. 결국 선거를 앞두고 누가 절실함을 갖고 변화의 폭을 깊이 가져가느냐의 싸움이라는 것이다. 가장 중요한 건 이기는 공천이다.

• 윤심(윤 대통령 의중·尹心) 공천, 검사 공천에 대한 우려가 당 안팎에서 나오는데.

• • 아직 현실화되지 않았지 않나. 윤 대통령은 빚진 게 없기 때문에 국민을 바라보고 할 수 있다고 본다. 윤 대통령은 당연히 성공하는 대통령이 되고 싶지 않겠나. 대통령이 성

분노조장 시대유감

공하는 건 결국 국민이 바라는 개혁을 관철시키는 것이다. 저는 의외로 언론에서 보는 것 이상으로 공천에서 큰 변화가 있을 수 있다고 본다. 이기는 선거를 위해선 공천을 국민 눈높이에서 할 수밖에 없다. 지금 이미 윤 대통령의 수행팀장이었던 이용 의원이 '당이 하라는 대로 하겠다'고 선언하기도 했고, 중진 의원의 수도권 험지 출마 움직임도 있지 않나. 현재로선 야당보다는 여당에서 혁신의 움직임, 변화의 움직임이 나오고 있다고 본다.

"언론이 보는 것 이상으로 공천에 큰 변화 있을 수도"

• 이준석 전 대표 등 당내 비윤계와의 화합 문제는 어떻게 보나.

• • 당이 쇄신의 길을 가고 있고, 이 전 대표 입장에서도 당을 위해 여러 역할을 하신 만큼 당에 애정이 있을 거다. 인요한 혁신위원장이 이 전 대표를 직접 찾는 등 노력을 하고 있는데 이 전 대표가 국민을 위해 큰 틀에서 사고하면서 책임 있게 행동할 거라고 본다.

• 김포시 서울 편입 문제에 대해선 어떻게 생각하나.

• • 민주당에선 국민의힘이 선거 공학적으로 접근한 것이라고 얘길 하는데 이 이슈가 불거진 건 김동연 경기도지사가 분도를 말하면서다. 김포는 서울하고 붙어있기 때문에 분도가 이뤄지면 경기도와 이어지질 않는다. 그렇기 때문에 김포시민들 입장에선 북도보다는 서울로 편입되길 원하는 것이다. 정치는 국민의 뜻, 지역 주민의 목소리를 경청하는 것 아닌가. 그래서 우선 듣겠다는 것이 취지다. 그걸 갈라치기라고 얘기하면 맞지 않는다.

〈시사저널〉 1777호. 2023.11.07. 이원석·변문우 기자

김기홍, 그는 도전적이다.

보장된 영광의 길을 접고 새로운 길을 나선다는 게 결코 쉽지 않을 텐데, 그는 담담하고 당당하다. 공정과 상식의 대통령님과 함께, 세계 속의 최강 대한민국을 꼭 만들어 주길 바란다.

그가 있어 든든하고, 마음이 놓인다.

_ 박성민 국민의힘 국회의원

'분노'를 통한 진영 갈라치기. 김기홍 선배의 책 첫 장을 넘기자마자 눈에 들어온 문장이다. 어느 순간부터 '갈라치기'가 우리 사회를 집어삼켰다. 그들은 정치적 이득을 위해 '분노'로 갈등을 조장한다. 세대를 나누고, 지역을 나누며, 성별마저 갈라친다. 효과는 만점이다. 투입 대비 결과물은 대단하다. 그들은 정치적·정파적 이익을 위해서라면 세상이 어떻게 망가지든 관심 없다.

분노조장 시대유감

진영논리가 언론마저 지배하는 세상이다. '공영방송'이 직접 나서 가짜 뉴스를 유포하며 국민을 선동해댔다. 나는 정치권과 공영방송, 음모론자, 일부 정치검찰의 '검언유착' 여론몰이 끝에 '강요미수'라는 희한한 죄목으로 202일간 구속됐다가 무죄가 확정됐다. KBS는 내가 구속된 바로 다음 날, 우리 언론 역사상 최악의 허위·날조 보도를 터뜨렸다. 한참 후에야 진상이 드러났다. KBS와 친문 검찰 간부의 진짜 '유착'이었다.

진영논리가 공영방송마저 덮치니 조금이라도 다른 목소리를 내려면 인생을 걸어야 했다. 엄혹한 시기였다. 김기홍 선배는 '조국 사태' 당시, KBS 보도를 지적하다 보복인사를 당했다. 조금만 비겁하면 좋은 회사에서 좋은 직책을 맡아 안정되게 살 수 있었다. 그는 정년이 보장된 '신의 직장'을 아무 대책 없이(!) 그만두고 새로운 정부 출범에 힘을 보탰다. 대통령실에서 사심 없이 일했다. 그저 분노로 진영을 '갈라치기' 하는 세상을 바꾸고 싶었으리라.

'분노조장 시대유감'이라는 제목에서 그의 의지를 읽을 수 있다. 사심 없는 그가 정치를 하겠다고 한다. 분노로 '갈라치기'하는 시대를 끝장내주길 간곡히 바란다.

– 이동재 전^前 채널A 기자

분노조장
시대유감

분노로 세상을 바꿀 수 없다

초판 1쇄 발행 2023년 11월 27일

펴낸곳 | (주)지식노마드
펴낸이 | 노창현
편집 | 조혜정
디자인 | 에밀리
등록번호 | 제313-2007-000148호
등록일자 | 2007. 7.10
(04032) 서울특별시 마포구 양화로 133, 1201호(서교동, 서교타워)
전화 | 02)323-1410
팩스 | 02)6499-1411
이메일 | eden@knomad.co.kr

값 18,000원

ISBN 979-11-92248-17-2 03340